基于新公共管理理论的高校管理模式发展研究

李朝昕◎著

辽海出版社

图书在版编目（ＣＩＰ）数据

基于新公共管理理论的高校管理模式发展研究 / 李朝昕著 . -- 沈阳 : 辽海出版社 , 2018.12

ISBN 978-7-5451-5056-8

Ⅰ . ①基… Ⅱ . ①李… Ⅲ . ①高等学校－学校管理－管理模式－研究－中国 Ⅳ . ① G649.21

中国版本图书馆 CIP 数据核字 (2018) 第 281235 号

责任编辑：丁　凡　高东妮
责任校对：丁　雁

北方联合出版传媒（集团）股份有限公司
辽海出版社出版发行
（辽宁省沈阳市和平区十一纬路 25 号 辽海出版社　　邮政编码：110003）
北京市天河印刷厂印刷　　　　全国新华书店经销
开本：880mm×1230mm　　　1/32　　　印张：4.75　　　字数：100 千字
2020 年 1 月第 1 版　　　2020 年 1 月第 1 次印刷
定价：38.00 元

作者简介

　　李朝昕，河池学院，研究方向为教育管理，2005年毕业于中南民大，本科学历，助理研究员职称。出生于1974年9月24日，籍贯为广西宜州。

　　曾于《旅游总揽（下半月）》发表论文《傩文化的现况及其文化价值挖掘与开发策略探讨——基于河池傩文化生存状态的思考》；曾于《市场论坛》发表论文《继续教育培训的影响因素分析与对策探讨》；曾于《四川戏剧》发表论文《仫佬族傩舞的文化解读》等。

前　言

近年来，随着高校规模的扩张和学生人数的增多，面对诸多的学术事务，政府在管理高校方面表现出脱力的状态，教育改革成为比较热门的话题。政府与高校在高等教育中的权责分配和角色定位面临着调整，这为高校引入新公共管理理论变革高校管理模式提供了契机。高校应该把握好这一契机，对于当前管理模式的改革和创新，不仅要吸收国外先进的管理理念和知识，还要结合我国的国情，创造性地建设新型的高校管理模式，为我国的社会发展提供强大的教育教学保障。

随着中国社会经济的发展，我国的高校建设已经越来越不适应时代的要求，这就要求我国高校进行一系列的转型工作。高校管理模式的转变是其中的一项重要内容，通过科学化的管理促进高校科研成果的转化和社会效益的提升，是今后高校发展的必由之路。基因此，我们编写了《基于新公共管理理论的高校管理模式发展研究》一书。本书主要包括：我国高等教育的发展及性质的转变、新公共管理理论视角下的高校管理模式探讨、现代教育理念、教育质量保障与监控体系研究与进展、高校思想政治教育和高校行政管理。本书可为高校教学管理者，特别是新入职的教学管理人员、教育教学研究者及相关人员提供参考。

由于作者水平有限，时间仓促，未能详尽列述教育教学管理所涉及的全部建设内容，书中难免存在不妥之处在所难免，敬请各位读者批评指正。

目　录

第一章　我国高等教育的发展及性质的转变

高等教育的发展历史可以追溯到中世纪的大学，后来历经发展，主要是英国、德国、美国的大学的不断转型，形成了高等教育的三项职能，即培养专门人才、科学研究、服务社会。改革开放以来，我国高等教育事业获得长足发展，改革取得令人瞩目的成绩，初步形成了适应国民经济建设和社会发展需要的多种层次、多种形式、学科门类基本齐全的社会主义高等教育体系，为社会主义现代化建设培养了大批高级专门人才，在国家经济建设、科技进步和社会发展中发挥了重要作用。

第一节 我国高等教育现代化的历史进程及进程中的模式转换

我国高等教育现代化的历史进程及进程中的模式转换大致可分为三个时期。

第一个时期（1862 年至 1894 年）。甲午战争以前，中国近代高等教育处于酝酿时期。从 19 世纪 60 年代开始，出现了一批培养外语人才和军事技术人才的专门学校，它们不同于传统封建教育机构，不是培养各级封建官吏的"治才"，而是培养通晓各国语言和技术（特别是军事技术）的所谓"艺才"。最典型的代表即是 1862 年成立的京师同文馆和 1867 年创办的福建船政学堂。至 1894 年前后，我国共创办此类学堂 30 多所，这些学堂毫无例外地都是在外来因素的诱发下创办的。所谓外来因素的诱发，包含两层意思：第一层意思是，它们是清政府在外力胁迫下应急反应的产物，是为了培养应付西方殖民主义者侵略所急需的人才而开办的；第二层意思是，这些学堂都标榜以西方为榜样，然而，具体的学习目标却并不明确，笼而统之地把西方称之为"泰西"。从当时留下的大量文献中分析，所谓"泰西"，包括了英、法、德、美等国。可见，在当时人们的心目中，"西方"是一种泛称，还没有具体而明确的模仿对象。

第二个时期（1895 年至 1911 年）。19 世纪末 20 世纪初，是中国近代高等教育发展的重要时期。1895 年、1896 年、1897 年和 1898 年分别成立的天津中西学堂、上海南洋公学、浙江求是书院和京师大学堂一般被认为是中国近代大学的雏形。20 世纪初，清政府颁布了第一部包括高等教育在内的具有近代意义的全国性学制 – 《癸卯学制》。直到辛亥革命前的十多年时间里，中国高等教育的发展，无论是理论层面、制度层面还是实践层面，都弥漫着一种浓厚的"以日为师"的氛围。1898 年创办的京师大学堂的第一份章程就是由梁启超"略取日本学规，参以本国情形草定规则八十余条"，即主要是参照日本东京大学的规程制定的。《癸卯学制》中有关高等教育的条文也几乎与日本学制中的相关规定一致。与前一个时期相比，学习的目标由泛化而集中，"泰西"一词被一个具体的国家 – 日本所取代，价值取向明确而单一。可以说，中国近代高等教育的起步时期，是以日本高等教育为模式的。

第三个时期（1912 年至 1927 年）。辛亥革命推翻了清王朝的统治，结束了两千多年的封建帝制，为中国近代高等教育的发展提供了一个相对宽松的环境，1912 年至 1927 年的 15 年间，可以说是中国高等教育发展模式的多元化时期。民国初年，在蔡元培主持下所进行的教育改革形成的新学制《壬子癸丑学制》，对清末颁布的《癸卯学制》中有关高等教育的内容作了相应的改革。其间，教育部还陆续公布了《大学令》《大学规程》《专门学校令》《公立、私立专门学校规程》和《高等师范学校规程》等一系列有关高等教育的法规法令。众所周知，作为民国初年教育改革的总设计师，蔡元培非常关心高等教育，《大学令》就是由他亲手制定的，他多次谈到，《大学令》中的许多内容是"仿德国制"，"仿德国大学制"，从一定意义上可以说，借鉴德国高等教育是蔡元培多年的夙愿。但是，从实践的层面考察，蔡元培的理想并未实现，摆脱日本高等教育单一模式束缚的努力没有取得明显的效果，大学设评议会、教授会的条文列入了《大学令》，但这在当时的高等学校中并未实行。直到1917年蔡元培出任北京大学校长之后，他的高等教育的理念——学术自由和教授治校才部分地在他所主持的北京大学付诸实施。就在蔡元培以德国高等教育为模式对北京大学进行深刻改造的同时，另一所国立大学—在南京高等师范学校基础上发展而来的东南大学迅速崛起。留美归国教育博士郭秉文主持下的东南大学以美国大学为榜样，延揽一批留美学生到校任教，集基础研究与应用研究为一体，从管理体制、系科设置、课程内容以及经费筹措等方面，全面学习、借鉴美国高等教育。至20年代中期，浙江大学和东南大学声誉日隆，影响日广，成为与北京大学南北呼应、交相辉映的中国高等教育的又一重镇。

高等教育作为人类所创造的知识文化的重要传播场所，作为高级专门人才的培养基地，有其自身发展的内在规律。高等教育的发展，既要受不同经济发展阶段、不同政治文化背景的各个国家和地区的具体国情所制约，也要受高等教育本身的发展规律所制约。从一定意义上可以说，一个世纪以来，中国高等教育发展模式的转换就是在如何认识和正确处理这一对矛盾的过程中艰难推进的，不能以强调本国情形的特殊性为由而拒绝遵循高等教育发展的一般规律，也不能以标榜追赶世界潮流为借口而置本国国情于不顾，这是我们回顾和总结这段历史所应深刻吸取的经验教训。

第二节 我国高等教育目标和性质的转变

1894年至1911年的17年间，是中国近代高等教育的起步时期。19世纪末创办的天津中西学堂、南洋公学、浙江求是书院和京师大学堂是近代大学的雏形。1904年颁布的《癸卯学制》中有《奏定大学堂章程》《奏定高等学堂章程》和《奏定农工商实业学堂章程》，在这些章程中，关于办学理念和培养目标，有了新的表述：大学堂"以谨遵谕旨，端正趋向，造就通才为宗旨。以各项学术艺能之人才，足供任用为成效。"通儒院（即研究生院）"以中国学术日有进步、能发明新理以著成书、能制造新器以利民用为成效。"从前一个时期的培养"艺才""专才"，到这一时期的提出"通才"，从字面上看，似乎又回到了传统的人才观，因为中国的传统教育也强调"通才"，即所谓"一物不知，儒者之耻"。但是，这里的"通才"是以掌握"各项学术艺能"为前提的，不仅与封建教育的理想人格"通才"在内涵上有所不同，而且这种目标的提出本身也提升了"艺才"与"专才"的地位。从一定意义上可以说，与之前相比，这一时期较多地接纳了西方高等教育的理念，当然这种"通才"仍必须"谨遵谕旨"，"以忠孝为本，以中国经史之学为基"。在这时段时期，中国传统高等教育的影响依然较大，这是因为，虽然科举制度在1905年被废除，但是科举制度赐予出身的陋习仍然被保留了下来，秀才、举人、进士的头衔还十分具有吸引力，更重要的是封建专制制度的政治框架还在起着支撑作用，社会主流价值观的变革终究需要以经济基础和政治制度的变革为前提。与此相适应，在这十几年间，高等教育在课程体系、教学内容和方法上发生了较大的变化，最明显的现象是西方近代社会科学的各个门类被大量引进高等教育的课堂，政治学、法学、教育学、哲学、心理学、经济学等社会科学被作为大学或高等学堂的教学内容，通过日本引进或翻译的西方教科书大量出版。学术界往往把这一时期看作是在课程体系与教学内容方面移植西方的第一个高潮。与此同时，在传统高等教育中特别受到重视的儒家典籍"经学"的研习，也被保存了下来，京师大学堂有经学科之设，而且置于各学科之首。在课程体系、教学内容领域，传统与移植之间的矛盾、冲突在政策层面和实践层面都非常激烈。民国初年，资产阶级革命派和激进的民主主义者从根本上否定了"中体西用"这一直接支配高等教育培养目标的文化观念，提出要用"民主共和"和"科学民主"的精神来改造中国传统的封建主义文化，这也为高等教育培养目标的进一步发展及演变提供了思想基础。

从 1912 年至 1949 年的近 40 年间，民国政府和后来的国民政府制定颁布过几部重要的关于高等教育的法令、规程，就培养目标而言，从法律条文上看，最大的变化在于取消了封建社会高等教育的政治方向。1912 年的《专门学校令》提出，"专门学校以教授高等学术、养成专门人才为宗旨"。同年颁布的《大学令》规定，"大学以教授高深学术、养成硕学闳才、应国家需要为宗旨"。这里强调的是高深学术，是培养"硕学闳才"和"专门人才"。高等教育领域中大学和专门学校的区分标准是"学"与"术"，前者重在学术研究，后者重在应用技术。政治上、思想上的种种限制与要求，即所谓"忠君""尊孔"，在培养目标中被取消了，特别在民国前期，由于蔡元培的努力和他广泛的社会影响，中国近代高等教育得以在教育理念上有了一次大的飞跃。正如有些研究者所指出的："只有在这一时期，中国才真正开始致力于建立一种具有自治权力和学术自由精神的现代大学。"西方高等教育理念的核心即学术自由和大学自治的观念，通过蔡元培的理论倡导和身体力行，第一次较全面地被国人所认识和接受。蔡元培在对北京大学的改造中，反复强调学术自由、兼容并包的办学方针，他对大学功能的理解与认识，即所谓"大学者研究高深学问者也"等，使中国近代高等教育对西方的移植上升到一个新的高度。从一定意义上可以说，正是蔡元培在北京大学的努力，使中国高等教育在教育理念和培养目标上，从根本上动摇了以培养"内圣外王"的"贤士""君子""循吏"为目标的主流传统。在这里要强调说明的是，蔡元培在宣传、倡导西方大学理念的同时，也充分利用了中国封建社会高等教育的非主流传统，即张扬古代书院浓厚的学术氛围、师生间砥砺德行互相切磋的融洽之情以及相对的独立地位等。

1922年，毛泽东等人"鉴于现在教育制度之缺失，采取古代书院与现代学校二者之长，取自动的方法，研究各种学术，以期发明真理，造就人才"，在湖南创办自修大学。蔡元培闻讯后，高兴地写下了《湖南自修大学介绍与说明》一文为之鼓吹："合吾国书院与西洋研究所之长而活用之，其诸可以为各省新设大学之模范者与？"对西方大学理念的移植与中国高等教育主流传统和非主流传统的排斥、融合，在"五四"新文化时期特定的环境中得到了最充分的体现。

1929年，南京国民政府制定颁布了《大学组织法》和《专科学校组织法》。其中关于培养目标的表述，分别为"大学应遵照国民政府公布的中华民国教育宗旨及其实施方针，以研究高深学术养成专门人才。""专科学校应遵照国民政府公布的中华民国教育宗旨及其实施方针，以教授应用科学养成技术人才。"在 20 年之后的 1948 年，南京国民政府公布的《大学法》和《专科学校法》，关于培养目标的表述与 20 年前几乎完全一致。上述情况说明，在 1912 年至 1949 年的近 40 年间，高等教育的培养目标——研究高深学术的学者和研习应用科学的技术人才这条主线一直贯穿其间。

在课程体系和教学内容方面，民国时期与清末相比较，最大的变化是废除了反映封建传统文化的科目，增加了体现西方文化精神的大量新学科，在人文社会科学方面如此，在自然科学和技术科学方面更是如此。据统计，民国初年《大学规程》中所开列的课程科目总数比清末《癸卯学制》所规定的多 300 多门；专科学校课程也比清末相应学堂科目增加了 1~2 倍。蔡元培主持下的北京大学 20 年代开设的课程中，有许多在欧美一些著名大学中也是刚刚起步。在课程体系方面的另一显著变化是从参照日本到直接借鉴西方高等学校的课程设置，许多大学和专科学校的教材直接选用西方大学的原版教材。似乎可以认为，在课程体系和教学内容方面，对西方高等教育的移植在 20 世纪的二三十年代出现了第二个高潮。直到 30 年代后期才陆续开始有中国学者自己编著的被冠以"大学丛书"字样的教材在各大学和专科学校使用，而且还主要限于人文社科类学科。

中华人民共和国成立后，关于高等教育培养目标的明确表述，最早见之于政府法规文献的是 1950 年 7 月政务院批准的《高等学校暂行规程》，其中规定："中华人民共和国高等学校的宗旨为根据中国人民政治协商会议共同纲领第五章的规定，以理论与实际一致的教育方法，培养具有高级文化水平、掌握现代科学和技术的成就，全心全意为人民服务的建设人才。"在这里，除去头、尾两处有关政治方向的要求之外，其核心内容是"培养具有高级文化水平、掌

握现代科学和技术成就的建设人才"。与民国时期高等教育的培养
目标相比较，在政治上提出不同的要求是十分自然的，应该说，高
等教育的特点还是体现了出来，"高级建设人才"的提法也涵盖了
学术人才与专门技术人才。当然，由于特定的国际国内环境，所谓
学术自由、大学自治等，在刚刚取得政权的社会条件下，是不会受
到关注的，相反，对大学中旧知识分子的改造很快就提上了议事日
程。在课程体系方面，特别强调废除国民党政府开设的政治教育课程，
代之以马克思列宁主义理论著作为基础的新的课程体系，进一步发
展的结果，则是全面地照搬苏联的课程体系。据 1955 年的统计，当
时浙江师范大学开设的 153 门课程中，有 41 门是以直接从苏联翻译
过来的教科书为基础而设立的，另有 79 门课程所用教材是在苏联模
式的基础上改编而成的。可以说，在这一历史时期，在课程体系方
面对国外高等教育的移植出现了第三个高潮。

在 1956 年至 1957 年间，中国高等教育领域出现了一股追求学
术自由、大学自治的风潮。知识分子们响应中国共产党"百花齐放，
百家争鸣"的号召，对机械地照搬苏联模式，大学专业设置过窄、
高等教育忽视社会科学以及把马列主义奉为教条等现象提出了强烈
的批评，著名代表是北京大学的马寅初。这可以看作是中国高等教
育非主流传统与移植而来的苏联高等教育模式（高度集中统一）的
一次顽强对抗，众所周知，这次风潮的结果是以"反右斗争的全面
胜利"而告终。1957 年，毛泽东在《关于正确处理人民内部矛盾问
题》的著名讲话中，提出了指导中国近 30 年的教育方针，即"应该
使受教育者在德育、智育、体育几方面都得到发展，成为有社会主
义觉悟的有文化的劳动者"。1958 年 9 月，中共中央、国务院在《关
于教育工作的指示》中把毛泽东的讲话用政府法律的形式作了肯定：
"党的教育工作方针，是教育为无产阶级的政治服务，教育与生产

劳动结合。为了实现这个方针，教育工作必须由党来领导。"从此，这个方针成了中国所有教育机构，包括大、中、小学的办学宗旨。

1961年，《中华人民共和国教育部直属高等学校暂行工作条例（草案）》（简称《高教六十条》）颁布，对高等学校的培养目标作了前所未有的详细规定："高等学校学生的培养目标是：具有爱国主义和国际主义精神，具有共产主义道德品质，拥护共产党的领导，拥护社会主义，愿为社会主义事业服务、为人民服务；通过马克思列宁主义、毛泽东著作的学习，和一定的生产劳动、实际工作的锻炼，逐步树立无产阶级的阶级观点、劳动观点、群众观点、辩证唯物主义观点；掌握本专业所需要的基础理论、专业知识和实际技能，尽可能了解本专业范围内科学的新发展；具有健全的体魄。"可以说，这是近代以来关于高等教育培养目标字数最多的一次表述。应该说，较之1957年毛泽东的论述和1958年中共中央、国务院指示中的规定，其培养目标更明确，且对专业也有了一定的要求。考虑到20世纪60年代中国所处的国际国内环境，这已经是一个很大的转变，而且也确实对实践产生了积极的影响。然而，这种状况没有持续多久，随着"千万不要忘记阶级斗争"口号的提出，高等教育培养目标的泛政治化倾向愈演愈烈，直至"文革"十年，高等教育的培养目标变成了"反修、防修，培养革命事业接班人"一句空洞而抽象的政治标语。与此相适应，课程体系、教学内容等方面在大量突出政治学习、触及灵魂、思想改造的同时，专业知识被压缩至最低程度，大学变成了短训班。

1957年至1977年的20年间，中国高等教育在培养目标、教育理念等方面所发生的变化，同样可以从移植与传统的冲突中得到解释。如果说1949年至1956年的全盘苏化期间，我们所提出的高等教育培养目标仍然强调的是学术人才和专业技术人才，是对民国以来形成的主线的继续，体现的是外来因素的移植，同时融合了传统的影响（政治方向、政治要求）；那么，后 20 年间则是传统对移植的激烈反抗并将其战胜。在这里，所谓传统包括两个方面，一是指中国传统高等教育所积淀而成的根深蒂固的重视伦理道德教育和培养政治人才的主流传统；二是指中国共产党在长期的革命战争环境中，在培养干部队伍中所形成的理念和方法。20 年间，特殊的国际环境和国内环境使中国的高等教育关闭了与世界交往的大门，为传统的复归和高扬提供了适宜的土壤和气候。1978 年 4 月召开的全国教育工作会议，否定和抛弃了"文革"中以阶级斗争为纲的教育目的，将现代化的实现确立为教育的主要目标。同年 10 月，教育部对 1961 年颁布的《高教六十条》略作修改，印发全国高校组织讨论，其中，关于高等教育的培养目标完全是原来的表述。尽管如此，这至少说明了在改革开放初期，注重专业知识的问题已被提到了议事日程中。1980 年 2 月，全国人大颁布了《中华人民共和国学位条例》，其中规定对在高等学校和科研机构的毕业生和科研人员经过严格考核，分别授予学士、硕士和博士学位，其目的是为了促进科学专门人才的成长，促进各门学科学术水平的提高和教育、科学事业的发展。

　　1985 年 5 月，中共中央颁布了《关于教育体制改革的决定》。《决定》指出，"高等学校担负着培养高级专门人才和发展科学技术文化的重大任务"。这是中华人民共和国成立以来第一次如此明确地把高等教育的任务归结为培养高级专门人才和发展科学技术文化。这次会议的另一项与高等教育理念有关的重大决定是，明确提出要扩大高等学校的办学自主权，改变政府对高等学校"统的过多的管理体制"，"使高等学校具有主动适应经济和社会发展需要的积极性和能力"。尽管在实际实施过程中，高等学校所获得的自主权远未达到文件中所给予的自由度，但是我们仍然可以说，《决定》

给予了我国高等学校自新中国成立以来从未有过的自主权。此外，《决定》还强调高等学校是教学、科研中心，而不是像苏联模式那样，要么负责教学，要么负责专业培训；强调改革教学内容、教学方法、教学制度，强调提高教学质量，开展教学改革试验，改变专业过窄的状况，增加选修课，实行学分制和双学位制等，努力借鉴和移植先进国家高等教育的课程体系和教学内容。

进入90年代，随着改革开放的深入和经济体制的转变，中国高等教育的发展进入了一个新的历史时期。1994年7月，国务院颁发《关于中国教育改革和发展纲要的实施意见》，提出要进一步发挥高等学校在国家科学技术工作中的重要作用，实施"211"工程，面向21世纪，重点建设100所左右的高等学校和一批重点学科。1998年8月，全国人大制定并颁布了《中华人民共和国高等教育法》，《高等教育法》规定："高等教育的任务是培养具有创新精神和实践能力的高级专门人才，发展科学技术文化，促进社会主义现代化建设"，"高等学校应当面向社会，依法自主办学，实行民主管理"。这是中华人民共和国成立50年来制定颁布的第一部高等教育法，它突出强调了培养高级专门人才和办学自主权，全面肯定了改革开放20年来我国在高等教育办学理念、培养目标、管理体制等方面所取得的共识。与此同时，随着经济的发展和人民群众接受高等教育需求的不断提高，西方发达国家高等教育大众化的理念正在日益被人们所接受，并逐渐转化为政府的教育政策，中国高等教育面向社会精英阶层的传统正在成为历史。可以说，中国近代高等教育在经历了整整一个世纪的曲折之后，终于有了明确的、与世界高等教育发展同步的理念、目标与方向。

第三节　我国高等教育的类型

国家教育发展研究中心将我国高等教育分为四种类型。

一、研究型大学

研究型大学的明显特征是学科综合性强，每年授予的博士学位数多，培养的人才层次为本科及本科以上，满足的是对高层次研究型人才和研究型成果的需求，研究生至少占到20%~25%，每所学校每年授予博士学位数至少50个。

二、教学研究型大学

这类大学的教学层次以本科生、硕士生为主，个别行业性较强的专业可招收部分博士生，但不培养专科生。

三、教学型本科院校

这类学校的主体是本科生的教学，特殊情况下有少量的研究生或专科生。

四、高等专科学校和高等职业学校

这类学校体现了高等教育在学校、专业设置上最为灵活的部分，主要是为了满足当地经济建设及社会发展的需要。

第二章　新公共管理理论视角下的高校管理模式探讨

近年来，随着高校规模的扩张和学生人数的增多，面对诸多的学术事务，政府在管理高校方面表现出脱力的状态，教育改革成为比较热门的话题。政府与高校在高等教育中的权责分配和角色定位面临着调整，这为高校引入新公共管理理论变革高校管理模式提供了契机。高校应该把握好这一契机，对于当前管理模式的改革和创新，不仅要吸收国外先进的管理理念和知识，还要结合我国的国情，创造性地建设新型的高校管理模式，为我国的社会发展提供强大的教育教学保障。

一、新公共管理理论的内容及意义

新公共管理理论最早出现在 20 世纪 70 年代末的欧美发达国家，它是一种新型的公共行政理念，对政府职能和社会的关系进行重新定位，强调以公民利益为根本，在坚持市场化的前提下实现管理主体的多元化目标。在这一套体系中，政府的角色由被动者向主动者转变，在具体运作中实现分权合作，民主参与的新型管理模式。随着这套理论的不断完善，它也被日益扩展到其他管理领域中。在当前的新公共管理理论下，已经存在并占有重要地位的有以下十种模式：政府间协议、政府服务、政府出售、补助、凭单制、特许经营、合同承包、志愿服务、自由市场以及自我服务等。这些模式也会按照需要被应用于各项管理事业。

作为企业管理理论的分支，新公共管理理论引进了企业的有效管理方法和市场的激烈竞争机制。而作为一种新型的管理理论，新公共管理理论被用于高校管理，将有助于我国高校行政管理体制构建多元主体管理体系，加速高等教育的转型，引发高等教育管理模式的变革。

二、我国当前政校合一的管理现状分析

随着知识经济全球化步伐的加快，新公共管理理论逐渐融入高校管理体制中，并逐渐发挥重要的作用。长期以来，我国的高校始终归属于政府管理，高校管理的核心仍然是政府权力，凸显的问题就是官僚作风明显，而且不能完全体现高校的学术自由理念，大大降低了高校的办事效能。知识经济时代需要创新型人才和先进科技的支持，而高校作为培养人才和传播新型科技的学术组织，如果其发展受制于政府行政管理力量，则难以适应全球化经济发展的需求。因此，我国各大高校需要在重视学术管理的基础上，加快行政管理模式的改革。

政府与高校的权责划分具有重要的意义，这不仅关系到政府职能的充分发挥，而且对高校的管理工作和办学质量的提高都有十分显著的积极意义。因此，国家要促进高等教育的良性发展，学校要提高高等教育的办学水平，就必须对政府和高校之间的关系进行清晰的界定。当前政府与高校的关系无非是以下几种：管理关系、权利关系、法律关系，其中，法律是一切关系的基准要素，所有的一切构架都需要在法律规范下进行。

我国的《高等教育法》《教育法》等律法的颁布使我国的高校取得了独立法人的地位。因此在高校的转型过程中，实际上高校与政府的法律关系是发生了变化的，原有的隶属于政府的高校，已经转变成了集法人资格与国家设施于一身的混合体。这表明当高校处理国家相关事务时，可视作政府的隶属机构，此时政府与高校仍属于行政关系；但是，当学校在处理办学及相关事务时，高校作为行

政法上的公法人，与政府的关系不再是隶属机构性质。不过法律虽然有所规定，但囿于立法的不具体，在实现的技术层面上还存在诸多的问题。特别是对政府的权利范围没有相应的界定，这使得高校的诸多权利都受制于政府。当前我国高校与政府的关系问题，主要集中于行政手段过度介入了高校管理，名义上的独立法人地位得不到切实保障。

总之，由于管办不分、政校不分等问题，我国的高校的自主权利一直受到限制。而现代大学制度要求，必须以法律为基础，进行分权与问责，这也是当前我们要解决的主要问题。促进管办分离、政校分离，从而促进高校的自主办学，依法保障高校的自主权，促进我国高等教育的健康发展，提高我国高等教育的办学质量及水平，是当前的重要议题。

三、新公共管理理论对高校管理模式的选择要求

当前，我国高校与政府之间的关系依然表现为高校为政府服务的模式，政府是高校的"顶头上司"，行政权力在高校管理中干预颇多。对高校管理模式进行变革已经是大势所趋，但是该如何选择高校的管理模式，还是一个值得深入探讨的问题。在新公共管理理论视角下，应该积极地界定当前高校管理模式的利弊，并结合自身的具体情况进行相应的分析和调整工作。这些都要求在高校管控模式的变革和选择上兼顾高校与政府这两大管理主体。

基于新公共管理理论，高校在管理模式的改革中，既要发挥政府机制的良好作用，也要保障自身的自主管理权益，并引进市场化竞争机制，这样才能充分调动相关资源，进行优化配置，打破以往僵化的管理机制。新公共管理理论还要求，要广泛采取复合式的管理机制，以促进高校自身在监督下进行良性的自我发展。

四、新公共管理理论视角下的高校管理模式探讨

（一）新公共管理视角下高校的市场导向机制

政府在高校行政管理中的角色定位不是执行者，而是决定者，应鼓励高校实行自主管理，从办学经费、人事管理、课程设置等方面实行真正的学术自主。高校是一个传授高级知识、培养高等人才，服务社会发展的具有内在价值追求的学术组织，政府不应该将其发展视作谋取经济利益的工具。

基于新公共管理理论，结合相关的实践和经验，高校今后的管理转型应以社会市场化的需求为导向。高校的相关利益应以市场化下的毕业生能力培养为前提，并以学生个体的能力培养和发展为管理依据。总之，在新公共管理视角下，政府不仅应该弱化对高校的管理，而且应该顺应社会需求和市场经济的发展，引导高校的自我管理，以促进高校对人才的培养，从而形成良性的人才培养机制，以实现学校和社会效益的双赢效果。

（二）新公共管理视角下高校管理中的契约机制

市场经济的特征就是要求契约精神，因此契约机制也是促进管理事业健康发展的前提和基础，是最常见的公共管理手段之一。契约机制的本质是，当事人双方在意愿一致的基础上而建立的一种契约，且需要在一定的范围内予以兑现。

从政府层面考量高校的管理模式，就需要以法律的形式进行分权。这不仅涉及到法律规范的细化，也需要对整个教育系统的权责进行相应划分，唯有这两方面的共同努力，才能改进我国高等教育体系中的不足。从高校层面考量高校的管理模式，契约机制则需要通过高校教育目标的确立，及在资源分配等方面的努力，完善高校的权责划分。不仅如此，高校与政府在必要情况下，还可以法律合同等契约形式来实现保障性更强的书面契约，而非单纯约定俗成的

契约精神，这样能使高校契约机制得到普通认同，且受到法律的重视与保护。

（三）新公共管理视角下高校管理中的问责机制

问责机制虽然是独立的机制，但其实也可看作是契约机制的延伸，没有问责制度的确立，契约将会沦为一纸空文。这一机制的确立，要求高校有必要向相关利益者报告和证明自身资源的使用情况及其使用效果。这样才能保证高校在自主管理的过程中，其职责不发生偏离。

问责机制的要素包括问责主体、问责对象、问责程序、问责内容、权责体系等。负责保障高等教育质量的政府和负责创造高等教育质量产能的高校是两大权责体系，在考察高校绩效时，政府是问责主体，在考察政府保障责任时，高校是问责主体。在当前高校的管理体制中，虽然政府与高校的契约，本身就还有一点的问责。但由于权责不明，在问责上也出现了相应的问题，这要求对责任的主体双方进行微观上的划分，并引入学生家长或第三方中介机构等社会力量，对高校的管理予以评价，以促进高校管理问题中办学、管理和评价的分离。

五、结束语

新公共管理理论强调以公民利益为根本，将其推广到高校管理中，就应该以学生的利益，即学生的学习和社交能力培养为根本，并结合市场化的要求，对政府与高校的权责进行清晰划分，转变政府管理和服务方式，切实落实高校办学自主权，以促进高校管理工作的良性发展，实现真正意义上的高校管理成功转型。

第三章　现代教育理念

第一节　现代教育理念的概念和思想内涵

从广义上讲，教育理念是关于教育的一般原理和规律的理想的观念。当代教育家在总结前人教育思想的基础上，以社会未来人才需求为前提，形成了对教育未来发展的认识理念。他们指出，"所谓教育理念，是指关于教育未来发展的理想的观念，它是未来教育发展的一种理想的、永恒的、精神性的和终极的范型"。现代教育理念为我们提出了教育的理想模式，它作为社会文化的典型代表，保持着对社会政治、经济、文化发展的前瞻性。

经过长期对教育实践和教育理论的深入研究，人们对现代教育理念赋予了比较深刻的思想内涵。一方面，在理论层面上，现代教育理念改变了传统教育侧重应试教育的特征，突破了经验导向的束缚，内容上更加系统，更具有针对性，被赋予了创新精神、冒险精神、开拓精神和批判精神等思想内涵，显示出了客观、可信的科学特征；另一方面，在操作层面上，现代教育理念在指导教育实践过程中更加成熟，呈现出包容性、可行性、持续性的特点，对高校教学具有很好的导向作用。现代教育理念归纳起来包括以下十个方面。

一、以人为本的理念

21 世纪的今天，社会已经由以科学技术为主发展到以人为本的时代，教育作为培养和造就社会所需要的合格人才以促进社会发展和完善的崇高事业，自然应当全面体现以人为本的时代精神。因此，现代教育强调以人为本，把重视人、理解人、尊重人、爱护人，提升和发展人的精神贯穿于教育教学的全过程、全方位，它更关注人的现实需要和未来发展，更注重开发和挖掘人自身的禀赋和潜能，更重视人自身的价值及其实现，并致力于培养人的自尊、自信、自爱、自立、自强意识，不断提升人们的精神文化品位和生活质量，从而不断提高人的生存和发展能力，促进人自身的发展与完善。鉴于此，现代教育已成为增强民族凝聚力的重要手段，成为综合国力的基础并日益融入时代的潮流之中，倍受人们的青睐与关注。

二、全面发展的理念

现代教育以促进人的自由全面发展为宗旨，因此，它更关注人的发展的完整性、全面性。表现在宏观上，它是面向全体公民的国民性教育，注重民族整体的全面发展，以大力提高和发展全民族的思想道德素质和科学文化素质，提高民族的知识创新和技术创新能力，增强包括民族凝聚力在内的综合国力为根本目标；表现在微观上，它以促进每一个学生在德、智、体、美、劳等方面的全面发展与完善，造就全面发展的人才为任务。这就要求人们在教育观念上实现由精英教育向大众教育、由专业性教育向通识性教育的转变，在教育方法上采取德、智、体、美、劳等几育并举、整体育人的教育方略。

三、素质教育的理念

现代教育扬弃了传统教育重视知识的传授与吸纳的教育思想与方法，更注重教育过程中知识向能力的转化工作及其内化为人们的良好素质，强调知识、能力与素质在人才整体结构中的相互作用、辩证统一与和谐发展。针对传统教育重知识传递、轻实践能力，重考试分数、轻综合素质等弊端，现代教育更加强调学生实践能力的锻炼，全面素质的培养和训练，主张能力与素质是比知识更重要、更稳定、更持久的要素，把学生综合素质的培养与提高作为教育教学的中心工作来抓，以帮助学生学会学习和强化素质为基本教育目标，旨在全面开发学生的多种素质潜能，使知识、能力、素质和谐发展，提高人的整体发展水平。

四、创造性理念

传统教育向现代教育的重要转型之一就是实现由知识性教育向创造力教育转变，因为知识经济更加注重人的创造性作用，人的创造力潜能成为最具有价值的不竭资源。现代教育强调教育教学过程是一个高度创造性的过程，以点拨、启发、引导、开发和训练学生的创造力才能为基本目标，它主张以创造性的教育教学手段和优美的教育教学艺术来营造教育教学环境，以充分挖掘和培养人的创造性，培养创造性人才。现代教育认为，完整的创造力教育是由创新教育（旨在培养学生的创新精神、创新能力与创新人格）与创业教育（旨在培养学生的创业精神、创业能力与创业人格）二者结合而形成的生态链构成。因此，加强创新教育与创业教育并促进二者的结合与融合，培养创新、创业型复合性人才成为现代教育的基本目标。

五、主体性理念

现代教育是一种主体性教育，它充分肯定并尊重人的主体价值，高扬人的主体性，充分调动并发挥教育主体的能动性，使外在的、客体实施的教育转换成受教育者主体自身的能动活动。主体性理念的核心是充分尊重每一位受教育者的主体地位，"教"始终围绕"学"来开展，以最大限度地挖掘学生的内在潜力与学习动力，使学生由被动的接受性客体变成积极的、主动的主体和中心，使教育过程真正成为学生自主自觉的活动和自我建构过程。为此，它要求教育过程要从传统的以教师为中心、以教材为中心、以课堂为中心转变为以学生为中心、以活动为中心、以实践为中心，倡导自主教育、快乐教育、成功教育和研究性学习等新颖活泼的主体性教育模式，以激发学生的学习热情，培养学生的学习兴趣和习惯，提高学生的学习能力，使学生积极主动地、生动活泼地学习和发展。

六、个性化理念

丰富的个性发展是创造精神与创新能力的源泉，知识经济时代是一个创新的时代，它需要大批具有丰富而鲜明个性的个性化人才来支撑，因此它催生出个性化教育理念。现代教育强调尊重个性，正视个性差异，张扬个性，鼓励个性发展，它允许学生发展的不同，主张针对不同的个性特点采用不同的教育方法和评估标准，为每一个学生的个性充分发展创造条件。它把培养完善个性的理念渗透到教育教学的各个要素与环节之中，从而对学生的身心素质特别是人格素质产生深刻而持久的影响。个性化理念在教育实践中首先要求创设和营造个性化的教育环境和氛围，搭筑个性化教育大平台；其次在教育观念上，个性化理念提倡平等观点、宽容精神与师生互动，承认并尊重学生的个性差异，为每一位学生个性的展示与发展提供平等的机会和条件，鼓励学习者各显神通；再次在教育方法上，个性化理念注意采取不同的教育措施施行个性化教育，注重因材施教，实现从共性化教育模式向个性化教育模式转变，给个性的健康发展提供宽松的空间。

七、开放性理念

当今时代是一个空前开放的时代，科学技术的日新月异，信息的网络化，经济的全球化使世界成为一个紧密联系的有机整体。传统的封闭式教育格局被打破，取而代之的是一种全方位开放式的新型教育，它包括教育观念、教育方式、教育过程的开放性，教育目标的开放性，教育资源的开放性，教育内容的开放性，教育评价的开放性等。教育观念的开放性指民族教育要广泛吸取世界一切优秀的教育思想、理论与方法为我所用；教育方式的开放性指教育要走国际化、产业化、社会化的道路；教育过程的开放性指教育要从学历教育向终身教育拓宽，从课堂教育向实践教育、信息网络化教育延伸，从学校教育到社区教育、社会教育拓展；教育目标的开放性指教育旨在不断开启人的心灵世界和创造潜能，不断提升人的自我发展能力，不断拓展人的生存和发展空间；教育资源的开放性指充分开发和利用一切传统的、现代的、民族的、世界的、物质的、精神的、现实的、虚拟的等各种资源进行教育活动，以激活教育实践；教育内容的开放性指教育要面向世界、面向未来、面向现代化设置教育教学环节和课程内容，使教材内容由封闭、僵化变得开放、生动和更具现实包容性与新颖性；教育评价的开放性指打破传统的单一文本考试的教育评价模式，建立起多元化的更富有弹性的教育评价体系与机制。

八、多样化理念

现代社会是一个日益多样化的时代，随着社会结构的高度分化、社会生活的日益复杂和多变，以及人们价值取向的多元化，教育也呈现出多样化发展的态势。这首先表现为教育需求多样化，为适应经济社会发展的要求，人才的规格、标准必然要求多样化；其次表现为办学主体多样化，教育目标多样化，管理体制多样化；再次表现为灵活多样的教育形式、教育手段，衡量教育及人才质量的标准多样化等，这些都对教育教学过程的设计与管理提出了更高的要求与挑战。它要求根据不同层次、不同类型、不同管理体制的教育机构与部门进行柔性设计与管理，更推崇符合教育教学实践的弹性教学与弹性管理模式，主张为教育事业的发展提供更加宽松的社会政策法规体系与舆论氛围，以促进教育事业的繁荣与发展。

九、生态和谐理念

自然物的生长需要良好的自然生态环境，人才的健康成长同样需要宽松和谐的社会生态环境的滋润。现代教育主张把教育活动看作是一个有机的生态整体，这一整体既包括教育活动内部的教师、学生、课堂、实践、教育内容与方法诸要素的亲和、融洽与和谐统一，也包括教育活动与整个育人环境设施和文化氛围的协同互动、和谐统一，把融洽、和谐的精神贯穿于教育的每一个有机的要素和环节之中，最终形成统一的教育生态链整体，使人才健康成长所需的土壤、阳光、营养、水分、空气等各种因素产生和谐共振，实现生态和谐地育人。所以，现代教育倡导"和谐教育"，追求整体有机的"生态性"教育环境建构，力求在整体上做到教学育人、管理育人、服务育人、环境育人，营造出人才成长的最佳生态区，促进人才的健康和谐发展。

十、系统性理念

随着知识经济和学习化社会的到来，终身教育成为现实，教育成为伴随人的一生的最重要的活动之一。因此，教育不仅仅是学校单方面的事情，也不仅仅是个人成长的事情，而是社会进步与发展的大事，是整个国民素质普遍提高的事情，是关乎精神文明建设及两个文明协调发展的全局性、战略性大业，它是一项由诸多要素组成的复杂的社会系统工程，涉及许多行业和部门，所以需要全社会普遍参与、共同努力才能搞好。与传统教育不同，我国在转型时期形成的是一种社会大教育体系，它需要在系统工程的理念指导下进行统一规划、设计和一体化运作，以培养人们的学习能力，提升人们的生存和发展能力为目标，以实现社会系统内部各环节、各部门的协调运作、整体联动为基础，把健全教育社会化网络作为教育环境的中心工作来抓，促进大教育系统工程的良性运行与有序发展，以满足学习化社会对教育发展的迫切要求。

第二节　现代教育理念下的高校教学观、教师观和学生观

一、现代教育理念下的高校教学观

教学观支配着教师的教学实践活动，决定了教师在教学活动中采取的态度和方法。由教师的教向学生的学转化是现代教学观，现代教学观要求使用发展的观点看待学生，调动学生学习的积极性和主动性，教给学生学习的方法，培养学生学习的能力，即着眼于培养学生不断学习、不断探索、不断创新的能力，以适应不断变化的世界。

现代教育理念是高校教学观的理论基础，而现代教育理念的核心思想更是高等教育理论的基石。西方教育理论认为，"真正的教育应先获得自身的本质，教育须有信仰，没有信仰就不成其为教育，而只是教育的技术而已"（德国雅斯贝尔斯语）。在我国，现代教

育理念逐渐明确了其思想信仰，它包括以人为本、尊重知识和尊重人才、建立和谐教育环境等思想内涵。在此基础上，高校教学观明确了教育者和受教育者双方的权利和义务：教师为受教育者提供优质高效的服务，重视学习者的意愿和价值观，而学生具有选择知识、获取知识、选择教师的权利。

现代教育理念包括理论与实践的研究，是大教育观，它注重整体性和方向性的研究。高校教学观是现代教育理念在操作层面中的运用，是实践现代教育理念的工具和手段，因此，现代教育理念与高校教学观是紧密相连的。但是，在教学实践中，现代教育理念与高校教学观却常常脱节。一位教师尽管接受了现代教育理念，并接受了相应的培训，但是他原有的教学思想仍然制约着他教学水平的发挥。因此，高校教师和教学管理者掌握现代教育理念，并将其转化为指导教育实践的教学观，有着非常重要的现实意义。

（一）教学以及教学观的含义

教学是学校的中心工作，是育人的基本实践活动。教学观就是教师对教学的认识或对教学的主张，具体地说，就是教师对教学目标、教学过程、教学对象等基本问题的认识。教师从这一认识出发，确定教学目标，选择教学方法，并决定了教师在教学中对教育对象采取的态度。因此，有什么样的教学观，就有什么样的教学行为，不同的教学行为必然导致不同的教学效果。

长期以来，陈旧的教学观念禁锢着人们的思想，影响、支配着教师的教学行为，并表现在平时的教学工作中。

首先，它将教学目标的确立直接指向知识的传授，让学生最大限度地识记课堂传授的知识，成为教学的中心和唯一任务。教师忽视学生的将来发展，忽视学生的个性差异，为了应付考试，忽视能力与非智力因素的培养。

其次，教师直观主教，忽略学生的学，学生成为被动接受知识的"容器"，信息交流的方式是单一的，课堂成为讲堂。由于教师不够重视对学生活动的反馈，学生缺乏学习的主动性和积极性，学生扮演了配合教师完成教案的角色。

再次，教师在课堂上运用"题海战术"，让学生做大量的练习，没有留给学生充分思考、消化知识的时间，从而占据了学生课堂上的自主学习时间，"以练代讲"加重了学生的负担。

上述保守、片面的教学观念以及由此产生的教学行为方式是与现代化社会发展的要求不相适应的，更与未来社会的发展相悖。时代要求我们必须进行教学观的改革，树立现代教学观。

（二）现代教学观的基本主张

传统教学观的核心是"仓库理论"，它以教师为圆心，把学校当成单纯传授知识的场所，把书本当作主要教学内容，把学生当成被动地接受知识的工具，把分数看成评估学校教育、教师教学和学生成绩的唯一标准，其结果严重妨碍了学生的积极思维，忽视了学生自我能力的培养，高分低能，不利于现代新人的成长。而现代教学观念完全摒弃了这些落后的想法和方式，试图用崭新的教学观来改变这种现象，因此在现代教学观念的指导下进行了一系列的现代教学改革。现代教学观念的基本主张包括以下几个方面：

1.学科教学的最终目标是促进学生的全面和谐发展

学科教学作为教育的基本活动形式，其目标应全面体现教育的培养目标，体现教育功能的前瞻性，体现学生的全面发展。总之，学科教学的终极目标，不仅要使学生掌握一定的知识技能，而且要发展学生的智力和体力，与此同时，还要培养学生正确的世界观，使其形成健康的个性品质，即学科教学的最终目标是促进学生全面和谐的发展。

（1）教学的基本价值决定了教学的最终目标是促进学生全面和谐的发展。

（2）教学的基本作用决定了教学的最终目标是促进学生全面和谐的发展。

（3）教学的基本任务决定了教学的最终目标是促进学生全面和谐的发展。

综上所述，教学的基本价值、基本作用、基本任务都决定了教学的最终目标是全面育人。全面育人既是教学的终极目标，也是深化教学改革的目标。在这方面，许多有识之士进行了卓有成效的探索，例如，江苏南通李吉林老师在教学过程中以"诱发学生的主动性"为出发点，渗透"教育性"，着眼"创造性"，贯穿"实践性"，从而达到学生主动参与，在学习中受到教育、提高发展能力等教学的根本目的。

2. 从"以教育者为中心"转变为"以学习者为中心"

（1）在教学中调动学生的积极性：教师和学生是教学活动的两个基本要素，在教学活动中，教师与学生都以确定的对方为前提，只强调某一方，取消或忽视另一方，都不可能构成或进行有效的教学活动。教与学既相互独立又相互依赖，彼此以对方的存在为依据。在教学过程中，我们应正确认识以下问题：

①教师与学生在教学过程中的地位：教师和学生是教学活动中的主体。教师是教的主体，其主体作用体现为对学生学习的引导与指导，即帮助学生实现认识过程的转化，从不知到知，并不断提高学生的学习兴趣，在此基础上引导学生运用知识，形成技能，发展能力。学生是学的主体，其主体作用体现为学生是学习的主人，即学生是教学过程中学习任务的承担者，是认识的主体，一切教学活动都要通过学生实施和落实。

　　首先，教师是教育者，在教学过程中对学生起主导作用。教师的责任决定了他在教学过程中的导向和组织作用，这种导向、组织作用表现为教学内容、教学方法、教学过程都是由教师设计、组织和实施的。教学过程中，教师要根据教学目标的要求，向学生传授知识、技能，调动学生学习的主动性和积极性；教师要通过直接或间接的方式为学生提供帮助，指导学生学习，从而提高学生的学习效率，并对教学的质量与效果全面负责。

　　其次，学生是认识活动的主体和学习的主体。在教学活动中，学生知识的掌握、能力的培养和思想品德的提高，都必须通过自身的主观努力才能实现。教是为了学，教的目的在于学生学，教学的质量和效果体现在学的方面，体现在学生认识的转化和行为方式的变化上。如果把学生看成被动接受知识的"容器"，使学生处于被动地位，就不可能使教学协调有效地进行。因此，教学过程是教师主导作用与学生主体作用相结合的过程。

　　②教学过程是师生的互动过程：现代教学不再局限于传统的单向活动方式，而是强调教学是一种多边活动，提倡师生之间、学生之间的多边互动。教学的多边活动论，在一定程度上揭示了教学过程的本质特点，与传统教学相比是一个重大的突破。传统教学关注教师如何教，而较少涉及学生如何学，因而是一种教师和学生的单向交流模式，这种单向交流模式不能反映教学活动的复杂性。现代教学认为，多向交流能最大限度地发挥相互作用的潜能，因为教师与学生之间、学生与学生之间的多项互动形成了一个信息交流的立体网络，可以极大地调动学生参与教学的积极性,提高学生的参与度。因此,教与学的关系是相互作用的互动关系,教学过程是教师与学生、学生与学生的多向互动过程。如果教学过程实现了师生之间、学生之间的互动，那么教学过程就不再是简单的传输过程，而是学生积

极主动、富有创造性的参与过程，这对于充分开发与利用教学系统中的人力资源，减轻师生的负担，提高学生学习的积极性与参与度，增强教学效果，实现教学目标有着重要的作用。在实际教学中，要实现教学过程的多边互动性，要求教师在教学中尊重学生的主体地位，激发学生的主体意识，调动学生主动学习的积极性。教师要以尊重学生的主体性和主动精神为根本，要认识到教学过程是教师的引导作用与学生的学习主体作用相结合的过程，是教师引导学生主动、积极参与学习的过程。

③学生是具有主观能动性、充满活力的人：作为教学主体的学生在教学活动中不是也不应该处于消极被动的地位，而应是积极主动的。在教学活动中，教师不是实施简单的加工改造，而要引导学生进行积极主动的学习，要把学生看成是具有主观能动性、充满活力的人，不仅要认识到学生是学习活动的承担者，他们在学习活动中能够表现出自身的主观能动性，而且要认识到学生之间存在差异，教师要尊重学生的个性差异。在教学过程中，教师要有针对性地进行教学，这样不仅有利于学生个性特长的发展与完善，而且有利于学生主观能动性的发挥，更有利于促进学生的全面发展。在教学实践中，教师不能仅把学生作为认知体来看待，更重要的是把学生作为完整的生命来看待，要认识到学生不是知识的"接收器"，而是知识的主人；学生不仅是认知的主体，更重要的是具有生命的人。

（2）创建全新的教学方法：教学是一种有目的有计划的培养人的创造性活动。现代教学绝不是单纯地传授知识，更重要的是发展学生的智力，发展学生的内在创造潜能，全面提高学生素质，这就要求改变传统教学方法，创建全新的教学方法体系，更充分地发挥教学的多方面功能，以实现人的全面和谐的发展。要建立全新的教学方法体系，转变教学观念是最基础的一环，具体地说，要实现四方面教学观念的转变。

①从注重学生外在的变化转向注重学生内在的变化：传统教学追求的目标是知识的掌握，也就是使学生从不知到知，从知之较少到知之较多，因此，教学的注意点放在了学生外在的活动与变化上，主要是注意的集中，记忆的牢固，答题的准确，这些虽然也是必需的，但却不是最重要的，现代教学论把教学的注意点转向了学生内在的变化上。

②从强调学习的结果转向强调学习的过程：现代信息社会对人才的需求已从知识型转向能力型，为适应这种情况，教学相应地发生了重大的转变，这个转变涉及如何看待知识。当代著名教育心理学家布鲁纳指出："知识乃是一个过程，不是结果。"这句话极为深刻地揭示了现代教学观的一个重大转变，就是从强调学习的结果转向强调学习的过程。学生思维方法的形成较之具体知识点的掌握是更重要的目标，因为学习的最终目的是应用，应用更多的是在新的情况和条件下去寻求未知的东西，这就需要思维能力。长期以来，由于强调学习的结果，在学习解答问题时，只要求做出一个唯一正确的标准答案，而这个问题的情境往往与书本上的情境相同，因此，使学生把注意力集中在记忆和背诵上。强调学习的过程，主要目标不是要求学生给出一个标准答案，而是要求学生寻求解答的思路，它引导学生重视思维的方法，经过长期训练，达到发展智能的结果。

③从单纯教师的教转向师生的共同活动：传统的教学以教师传授，学生接受知识为特征，势必导致教师中心论，强调教师的权威作用，忽视学生的学习能动性和师生之间的合作，其教学方法是单纯教师教的方法，讲授几乎占据全部课堂教学的时间，教学过程中信息是按照师——生的形式单向传递，学生处于被动接受的地位。所以，为改变这种状况，陶行知提出"教学合一"，并在教育实践

中具体实施。随着现代社会的发展，"教学合一"的观点越来越为教育界所接受，并成为现代教育的一个重要原则。布鲁纳认为，现代的教学方法是"教师与学生合作"的方法。苏联合作教育派的教育家们指出，教育教学过程应该是"人际合作关系"，认为"在今天，正视师生关系的问题已被提到了学校工作的首要地位"。把传统的认为教学法只是教师教的方法转变为师生共同活动的方法，就是要使教学成为合作的过程，这适应了素质教育的要求，因为教育要全面提高学生的素质，单一的讲授法难以胜任。学生智力和技能的培养需要他们的亲自参与，从而得到提高与发展。

④从封闭的教学组织形式转向开放的教学组织形式：传统教学单一的、封闭的教学组织形式，只适合传授知识的要求。素质教育要求建立一种开放性、综合性的教学形式，它在空间形态上，综合运用集体教学、个别教学与分组教学等多种形式；在时间流程上，根据实际需要设计教学环节与结构。素质教育是一种更科学、更高层次的教育，它需要一种全新的教学方法，在教学观念更新的前提下，这种教学方法应特别注意学生信息加工处理能力和创造思维能力的培养，并有利于促进学生个性健康而和谐的发展。

3. 从"教学生学"到"教学生自己学"的转变

传统的教学都是教师教学生学，学生处于被动的情景，没有主动性和积极性，所以才有"灌输"一词。而现在，随着生产力水平的提高，社会进步和科技发展日益加快，科学愈来愈呈现出高度分化又高度综合的格局，人们的智能急剧增长，环境恶化，知识陈旧、更新等问题都扑面而来。如果学生在学校学习却什么也不会创造，那么他一生将永远是模仿和抄袭。学生的创造性和创造性学习一样，是使个人和社会做好准备，为了在行动上与新情况相协调的一种读书模式，它能使学生在理解书本知识的基础上，学会使用预测、模拟、模型和情景描述等方法技巧考虑趋势，制定计划，评估目前决策的未来后果，同时注重理论和实践的结合，创造性地解决各种复杂的问题。在教学中，教师不但要让学生学会知识，更要抽出大量的时间来培养学生自己学习的能力，这是现代教学观念最重要的特征。

二、现代教育理念下的高校教师观

教师观即教师的教育观念，是教师对教师职业的特点、责任、教师的角色以及科学履行职责所必须具备的基本素质等方面的认识，它直接影响着教师的直觉、判断，进而影响其教学行为。不同的教育理念会产生不同的教师观，下面简述一下现代教育理念下的现代教师观，通过对现代教师观的论述，使教师了解现代教师的职责和特点，明确现代社会对教师的期望和要求，提高教师的现代意识，使教师树立正确的现代教师观，实现教师角色的准确定位，提高教师的素质，以便全面履行教师的职责，作一位符合新世纪素质要求的教师。

（一）教师及其重要性

教师是随着社会发展的需要而产生的，人类为了生存和发展，需要把在社会实践中积累的丰富经验传递给下一代，由此产生了学校，同时也就产生了教师。《中华人民共和国教师法》中规定"教师是履行教育教学职责的专业人员，承担教书育人、培养社会主义事业建设者和接班人、提高民族素质的使命。""教师"有广义和狭义之分。从广义上说，凡是增进他人的知识技能、影响他人思想品德形成的人，都可以称作"教师"。狭义的教师是指学校教育活动中的教师，即在各级各类学校及其他教育机构中专门从事教育教学工作的专业人员。《教师法》中指的教师以及我们平时所说的教师是指狭义的教师，教师的职业既古老又年轻，既平凡又崇高。教师的作用主要体现在以下几个方面：

1. 教师在人类社会发展中的作用

（1）传递和传播人类的科学文化技术知识，对人类社会的延续和发展起着桥梁作用：人类在长期的社会实践活动中所积累下来的科学文化技术知识，主要是通过教师的劳动得以传播的，没有教师，人类积聚起来的科学文化技术知识就难以传递，新一代的教育和培养就无法进行，社会自然也就难以延续和发展。而且随着社会文明程度的提高，生产的发展和科学技术的进步，教师的这种作用就会更加突出。

（2）培养人良好的思想、塑造人高尚的品德：教师不仅要向受教育者传递和传播人类所积累起来的科学文化技术知识，而且应当培养受教育者的思想，塑造他们的品德，这是自古以来教师同时肩负的两项重任。

2. 教师在教育过程中的作用

在教育过程中，教师起着主导作用，这主要是因为：首先，教师是代表社会要求的施教者；其次，教师是专门的教育工作者；最后，教师是教育活动的组织者和领导者。肯定教师的主导作用，并不意味着否定学生在教育过程中的主动性，教师的主导作用和学生主动性的发挥相辅相成。教育过程的客观规律是：教师主导作用的正确的、完全的实现，其结果必然是学生主动性的充分发挥。

3. 教师在社会中的地位

教师既然在人类社会的延续和发展中起着重要作用，他们的社会地位自然是崇高的。我国一直存在尊师的优良传统，古人有"天地君亲师"之说，把教师的地位同天地君亲并列。但是在我国封建社会的官宦阶层，"学而优则仕"的思想影响也不小，"官本位"的传统根深蒂固，很多人历来以官位或权限的大小来看待其个人的社会地位，因而，教师这种无官无权的职业，自然很难受到应有的重视，所以教师的社会政治经济地位十分低下。

新中国成立后，我国教师的劳动受到了应有的尊重，教师的地位也得到了相应的提高。十一届三中全会以来，党和国家十分重视科学知识和知识分子（包括教师）在社会主义现代化建设中的重要作用，落实了知识分子政策，在一定程度上提高了教师的政治地位，改善了教师的生活待遇。随着经济的发展和社会文明的进步，教师必将成为让人羡慕和受人尊敬的职业。

（二）现代教师观念的基本内容

教师的教育观念是教师在教育教学中所形成的对相关教育现象，特别是对自己的教学能力和所教学生的主体性认识，它直接影响着教师的直觉、判断，进而影响其教学行为。传统有关教师的研究主要考察教师的行为是如何影响学生的行为，进而影响学生学业的，主要集中于研究教师可观察到的外部行为。下面试图从现代教师的使命、现代教师的劳动特点以及现代教师应具有的素质等方面进行简要的论述，旨在为我国教师观念的研究提供一些新的思路，并以此更好地指导教师的教育教学和师资培训。

1. 现代教师的使命

（1）努力学习，提高自身素质：教师要走在学生的前面，要培养出适应时代发展需要的学生，首先要有能够把握时代脉搏，善于发现时代发展需求并积极采取行动的教师。努力学习，尽快适应时代发展对教师提出的新要求，是当代教师的首要任务。当代中国大部分的教师都是善于命令，不善于商量；善于管住，不善于引导帮助；善于课内讲授，不善于组织活动，并且重投入轻产出，重质量轻效率，重接受轻发现，重知识轻性格，重模仿轻独创，要改变这种状况，教师必须更新观念，增长才干，全面提高自身的素质。

（2）担起"重塑中国人"的重担：实施素质教育，切实提高全民族素质。"重塑中国人"是21世纪对中国教育的呼唤，是现代中国人心中的呐喊，是承认落后不甘落后的宣言。努力学习，扬长避短，在学习中超越，在学习中创新，这是中国人唯一的选择。教师的担子就更重了，教师不仅要更新自己，更要更新学生，不仅要重塑自己，更要重塑学生。所谓重塑，主要是指打破过去的陈规陋习，站在时代发展的高度，用明天的需求来呼唤人、要求人和培养人，以适应当今时代的四大趋势，并以促进这四大趋势的发展为目的，重新设计我们的教育目标、教育制度、教育内容和教育方法，把素质教育真正落到实处。

（3）勇于创新，并形成自己的教育特色和教学风格：学生素质的提高和教育理论的繁荣，最终都依赖于广大教师的教育创新。如果全国的教师都用一样的教材、一样的方式方法进行教育教学，我国的教育理论就不能繁荣，亿万禀性不同、水平不同的学生的充分发展就不能实现，提高民族素质的努力就会在僵死的教条与模式中流于形式。所以要完成高效率地提高学生素质的历史使命，每一位教师必须彻底解放思想，坚持实践是检验真理的唯一标准，只要是有利于贯彻党的教育方针，有利于高效率地提高学生的素质，促进学生全面主动和谐地发展，有利于提高教育的质量和效益的教学方法，就要大胆地创，大胆地试，不要迷信任何权威与模式。要知道，真正的最优教学方法，只存在于教师自己的创造性劳动中，只有不断地创新，才能找到适合于每个班级、每个教师、每个学生的最优教学方法，并形成自己的特色与风格。

2. 现代教师的劳动特点

教师劳动的对象是人，劳动的产品也是人，它所要处理的矛盾，也大都表现在人与人之间的关系上。作为教育人这一特定条件下的教师的劳动是一种复杂的脑力劳动，它与体力劳动和其他脑力劳动相比，有其自身的特点，这些特点主要是由教师劳动的目的、对象和手段决定的。

教师劳动的目的是把全体学生都培养成德、智、体、美、劳各方面健康发展的新人。学生的身心发展尚未成熟，具有多边性、发展性和很大的可塑性，而且各自具有独特的个性。教师劳动的手段也很特殊，可以说教师劳动的全部力量都构成了教育因素，都成了教师教育好学生的手段。

从现代教师的劳动任务、劳动对象、工作的方法和手段以及现代教育对教师的要求来看，我们认为现代教师劳动的特点具体地说有以下几点：

（1）复杂性：教师劳动的复杂性主要是由教育对象、教育任务和教育影响的多样性决定的。从教师的劳动对象来说，学生是有道德、有感情、有主观能动性的人，他们的兴趣、爱好、性格和能力都存在着个体差异，教师既要面对全体学生施教，又必须注意因材施教；从教育的任务来说，教师不仅担负着传授知识、培养技能、发展智力的任务，而且还担负着培养学生的思想政治品德，以及对学生进行体育、美育和劳动技术教育等方面的任务；从教育的影响来说，影响学生发展的因素多种多样，不仅有来自学校各方面的因素，而且也有来自家庭和社会等方面的因素，教师要想教育好学生，就必须协调好诸多影响和学生发展因素之间的关系。我们之所以教师的劳动是复杂的，是因为要做一个好的教师，其工作是艰巨的和繁重的。但是，教师通过自己的劳动，可以为社会、为国家培养出无数有用的人才。无论是领袖还是将军，无论是艺术家、科学家还是作家，或者是普普通通的劳动者，在迈出人生第一步的时候，都要受到教师的教诲和影响，是教师用心血培育了他们。所以，教师的劳动虽然复杂艰苦，但教师却充满了骄傲，也充满了自豪，这也是它被赋予"天底下最光辉的职业"这一称号的原因所在。

（2）创造性：创造性是教师劳动的中心和基础。由于教师的劳动对象是具有思想感情的，是受社会多方面因素影响的人，所以教育对象千差万别。而教学是一门永无止境的艺术，"教学有法但无定法"，其原因主要就是在于此。因此，作为教师要想教育好学生就必须因人、因事、因时、因地有创造性地设计和实施教育学生的方针和策略，并科学地预测其结果。教师既要按照统一的目标来培养学生，又要注意学生个性的发展，所以教师的劳动过程中充满了创造性，有时甚至在不自觉中进行着创造性教育的实践，可以说教师的劳动绝不是一种日复一日，年复一年的重复劳动，它是一种创造性的劳动。

（3）示范性：教师教育学生不仅依靠学识才能，而且依靠自己的心理品质、言行风范、治学态度、人生观和世界观等。也就是说，教师要教育好学生就不仅要言传，更重要的是身教，这就决定了教师的劳动具有很强的表率性和示范性。由于教学是师生共同的活动过程，而学生的模仿性特别强，教师的言行、工作态度、情感以及意志品质，在学生面前都表现得淋漓尽致，直接影响着学生的心灵，这与教师使用自己的模范行为、品德学艺和教师的德才有着很大的关系。因此，一个乐于而且善于为人师表的教师，不仅应当加强自己在学识才能方面的修养，而且还必须加强自己在人生观和世界观等方面的修养。

（4）长期性：我国古代的教育家管仲说过："一年之计，莫如树谷；十年之计，莫如树木；终身之计，莫如树人。"这说明培养人的劳动是要经过相当长的周期，有赖于教师群体长期的共同努力。从人的整体发展看，教师劳动需要一个较长的周期，从某一个具体、局部的身心特点的发展变化看，学生某一缺点的克服等，都需要教师付出长期的大量的劳动，这也是教师劳动艰巨之所在。教师劳动的长期性，不仅要求教师的活动要从当前的社会需要出发，而且要从劳动结束时的社会需要考虑。因此，我们说教师的劳动总是指向未来的。

（5）前瞻性：教育具有前瞻性。有人说"教育学就是未来学"，这不仅是教育者的现代语言，也是教育家的现代思想。社会进步已经使我们看到，教育将在历史上第一次为一个尚未存在的社会培养新人，教师正是这一任务的承担者。可以说，教育事业今天的发展状况和水平决定着明天这个国家和民族的面貌。所以，作为现代教师必须要有超前的意识，要站在时代发展的前列，要及时了解国内外教育发展的趋势，学习国内外新的先进的教育教学理论与思想，不断更新教育思想，把思想从课本、课堂和学校围墙的束缚下解放出来；要具有创造意识，注重培养学生的发现意识和批判精神；要有市场意识，必须使自己的工作适应大市场对人才的需求；同时，还要有民主和科学的意识，培养学生的自主精神与自制能力。只有这样，教师才能高瞻远瞩，才能走在时代的前列，带领青少年奔向新世纪。

3. 现代教师应具备的素质

"世界上最好的系统是引向成功的"，决定教育系统优劣的正是教师，更是教师的素质，所以未来社会对教育的要求，归根结底是对教师的要求。无论是教育观念的更新，还是教学内容、教学方法的改革，都取决于教师的工作、教师的态度，教师在教育的发展与改革中起着关键作用。邓小平同志曾深刻指出："一个学校能不能为社会主义建设培养合格的人才，培养德、智、体全面发展，有社会主义觉悟的有文化的劳动者，关键在教师。"因此，教师要满足社会发展与育人的需要，必须具备以下几种基本素质：

（1）正确的教育理念：现代教师应该具有与时代精神相符合的教育理念，教师对教育工作的本质、责任以及特点要有深刻的理解，要认识到教师所从事的事业是关系到社会的发展和民族与国家的未来，是关系到每个人的生命价值和每个家庭的幸福与希望的重要事业，从而形成对事业的责任感和荣誉感。在这种正确理念的支持下，教师在工作中才能以素质教育为本，把发展人的智力、开发人的个性放在首位；才能不断开拓自己的事业，努力寻求科学的教育教学方法；才能在教学活动中不断地完善自己，充实自己，形成自己独特的教育教学风格，实现由"工匠型"教师向"专业型"教师的转变；才能淡薄功利，全心全意地把知识、智慧、爱心全部奉献给学生。

（2）良好的职业形象：每个社会职业都有特定的行为模式和行为规范，教师的职业形象是在完成教育教学任务时，在学校以及在社会中承担的职业作用和表现。由于教师的劳动特点是劳动者与劳动工具的统一，教师的自身形象对于学生的发展具有强烈的外在示范性与内在感染性。教师的仪表、教风、言谈举止和良好习惯，都是教师良好素质的外化，同时也是影响学生形成良好素质的动力。叶圣陶说过，"教师的全部工作就是为人师表。"因此，教师必须努力提高自身的思想品德修养，要热爱祖国；教师要有崇高的精神境界，要具备为教育事业的发展艰苦奋斗的献身精神；教师要有高尚的情感，对学生要有博大无私、深沉久远的爱，要尊重学生、信任学生、理解学生；教师要有良好的文明修养，要严于律己，以身作则，遵纪守法。只有这种良好的形象、规范的行为，才能对学生起到言传身教、潜移默化的作用，才能有助于学生良好人格的培养与形成。

（3）多元的知识结构：教育内容的社会化是新课程计划的一个

特点，新课程计划要求加强对学生进行劳技、人口、青春期、心理健康等方面的教育，并渗透环境、交通、国防等教育，学科教学的整体化是 21 世纪教学工作的发展趋势。对同一个学生进行多学科施教的过程中，各科教师要有互相配合的意识，应善于从学科交叉、学科对比与学科渗透等方面对学生进行教育，这些都要求教师不能只掌握单一的学科知识，而要构建多元的知识结构。教师在掌握扎实的专业知识的基础上，还要学习自然科学、社会科学，研究前沿的最新成果、最新知识，还要学习和掌握教育学和心理学的理论。现代教师不仅是实践者，而且要成为研究者，因此还要学习与提高对人的认识、教育哲理的形成、管理策略、教育教学活动设计、方法选择、现代教育技术手段的运用以及教育研究等方面的知识，使自己不仅会教，而且有自己的教育追求与风格，充分发挥教师教书育人的功能。

（4）多向的教育交往：在教育教学活动中，教师要与学生、其他教师、学生家长、社会中的教育力量进行多向的教育协调与交往。教师为了实现有效的教育，必须具有理解他人和与他人交往的能力。教师要使学生积极主动地投入到教育活动中来，就离不开与学生的沟通，必须建立"教师向学生学""教学相长"的平等关系。教师必须克服以学科为中心的个体工作意识，与其他教师相互合作、相互支持，才能更好地完成教学任务。同时，教师还要建立与家长合作和相互支持的关系、与社会有关机构中的人员的协作关系，这些都是形成教育合力和进行有效工作必不可少的关系。

（5）完善的能力结构：教育是超前的事业，现代教师不但要适应教育的今天，还要面对发展的未来，这就要求教师必须具有完善的能力结构。教师要具有较高的获取知识的能力，包括搜集资料、查找资料以及对资料的筛选、摘录与综述的能力；要具有较高的教学能力，包括教学常规、教学评价、教学实验和现代化教学手段的运用能力；要具有较高的教育能力，包括对学生进行个别教育、集体教育和组织、管理、协调、控制等；同时教师还要具有科研能力。教师要善于对自己的教育教学实践和周围发生的教育现象进行反思，从中发现问题进行研究，找出规律性的东西，对新的教育问题、思想、方法等进行多方面的探索和创造，使教师工作更具有创造性和内在的能力。科研能力已成为现代教师素质的一项基本能力，其他一些如批判鉴别的能力、社会调查能力、语言表达能力、文字能力等也是现代教师必须具备的能力。

（6）健康的心理素质：心理健康是人们学习、生活和工作的基本条件，对一名教师来说更加重要，它不仅是教师自身健康生活的需要，而且对学生心理健康的发展也起着十分重要的作用，学生的一些消极心理或心理障碍常常和某些教师不健康心理的影响有着直接关系。为此，教师在学生面前，首先，要注意保持乐观的心境，保持积极振奋的精神状态，不断追求事业上的成就；其次，教师在学生面前，要保持稳定的情绪，始终要将收获的喜悦传递给学生；再次，教师要有宽容的心理，要能够容忍学生的无知，宽容学生的过错，使学生在愉快和谐的环境中健康成长。

教师的素质是教师在育人过程中稳定的必备的职业品质，是教师职业形象、育人知识与育人能力的综合反映。教师的特点决定了教师素质的多样性，同时，教师素质有着特定的社会规定性，是个动态的概念。随着社会的不断变化，教师的素质也在不断地丰富和充实，不断具有新的内涵。

4. 现代教师应具有的专业精神

从教师专业性质和专业化过程的特点来看，现代教师应当具有的专业精神表现在以下五个方面：

（1）敬业乐业精神：敬业是教师对自己所从事的专业工作发自内心的崇敬。任何一个做教师的人，应当首先对教师专业有清晰而独特的了解和认识，怀有强烈的尊严感，方能建立起坚定的专业信念，从而对社会的各种评价做出正确的、理性的判断。敬业还需乐业，乐业就是教师对自己有正确认识的前提下，对专业工作表现得从容自在、心甘情愿、毫不勉强。一个人一旦投入教师行业，就必须不为物欲左右，不为名利所动，做到淡泊明志，清高有为，由敬业乐业而获得人生之乐。

（2）勤学进取精神：教师是教育者，同时也是学习者。只有不断学习、积极进取，才能真正成为知识和文化的化身，也才能担当起培育英才的重任。尤其是现代社会快速发展，新知识、新观念、新理论不断涌现，教师几乎每天都面临着一个新的世界，只有不断勤奋前进，把学习当作自己工作乃至生命中不可缺少的部分，才能适应时代要求。否则，如果学生对教师在知识方面产生怀疑，那么师生之间建立多种关系的基础就会消失，而此时教师也就不成其为教师了。

（3）开拓创新精神："教育即创造"，这是人们公认的原理。在现实的教育活动中，教育对象千变万化，学生个性千差万别，时代发展对人的要求又日新月异。教师要把一个个活生生的独特个体从蒙昧状态培养成社会所期望和需要的人才，绝不是靠某种程式的机械劳动可以完成的，而是依靠高度的创造性的劳动。因此，教师的专业工作，不允许教师墨守成规，也不允许教师一味地凭借个人经验，而要求教师敢于借鉴，勇于开拓，依据变化的情况，不断寻求适合教育对象的教育方案、方法和手段，使自己的教育教学活动更科学、更完善，建立起自己独特的教育风格。

（4）无私奉献精神：教育工作是非常细致、艰巨和复杂的，教师所付出的劳动，是任何量化的手段和指标所无法衡量的，这必然要求教师要对教育工作保持一种无私的奉献精神。这种精神就要求教师要尽可能淡化功利思想，不斤斤计较物质享受，不迷恋于世俗浮华，不对个人利益患得患失，一切以育人为上，全心全意，把知识、智慧、爱心、时间乃至生命奉献给每一个学生。

（5）负责、参与精神：教师的角色职能决定了教师必须有高度的负责精神和参与精神。负责精神的内涵：一是教师要有高度的教育责任感，对每个工作环节一丝不苟，对每个学生的健康成长认真负责，尤其是对差生，更要加倍爱护，不可随意淘汰放弃；二是教师要有高度的社会责任感，关心国家发展，捍卫民族文化，主张社会正义，力辟歪理邪说。这种负责精神又必然要求教师具有积极的参与精神，即参与学生生活，参与社会生活，前者易被教师认识和强调，而后者则常被教师所忽视。有研究表明，一般教师对了解社会现象、关心社会发展、解决社会问题、改善大众生活习惯等，并无多大兴趣；有许多教师恪守清高，通常不愿参与社会是非，也尽量避免外界干扰，保持中立，被称为社会的"陌生人"，角色较为孤立，这也是社会大众不了解或不理解教师的重要原因之一。实质上，教师是全体国民中的知识群体和文化精英，在一个时代中，教师是时代的前驱；在一个社会里，教师是社会的导师。因而，教师又素有"国师"和"全民之师"的称号。教师以自己的实际行动，关心参与社会生活，评论批判社会现象，追求社会理想，这些都会构成一种潜在的、巨大的、动态的社会变革力量，尤其是现代学校的社会功能日趋增强，教师与社会的联系也更加频繁，这种力量显得越来越显得重要。

三、现代教育理念下的高校学生观

教育活动是促进学生成长的自觉实践。学生观即人们对学生的基本认识和根本态度，是直接影响教育活动的目的、方式和效果的重要因素。当前，我们正处在教育现代化的历史进程中，各种各样的学生观大量存在，其中不少观念是陈旧的，并不符合教学现代化要求。为了迎接 21 世纪的挑战，为了更好地培养高素质的现代公民，我们需要认真研究学生观的问题，努力确立现代学生观，也只有在正确的学生观的指导下，找准教育与知识经济的结合点，全面实施素质教育，才能最大限度地开发学生的潜能。

（一）学生是发展的人

如何看待学生的身心发展问题，是学生观的重要内容，它涉及对学生天性和潜能的估计，也涉及对学生身心变化过程的认识。坚持什么样的发展观念，对教育目的的确定以及教育行为的选择都有直接的导向作用。

1.学生是具有生命意义的人

在漫长的封建社会里，教育为封建专制特权服务，在封建君主眼中，学生是他们驯服的奴仆。而在资本主义社会，学生则成了资本家的后备机器和赚钱工具。传统的教育思想把学生当成可以利用的工具和容纳知识的容器，学校教育普遍流行注入式的教学模式，把正常的师生关系即人与人的关系扭曲为人与机器的关系，因此出现了教育领域里见物不见人的怪现象。校园，一个本应充满生机与活力的系统整体，则成了一个无视生命存在的物质空间。

历史发展到今天，作为教育工作者，尤其是有着良知与人性的教育工作者，我们都没有理由再加重学生的书包重量和近视程度，没有理由再剥夺学生的欢乐和兴趣，没有理由不把学生从学习机器和考试工具的桎梏中解放出来，没有理由不恢复学生应有的生存自由和正常的生命角色。我们应该看到，学生时代是人一生中最富生命活力，生命色彩最为丰富斑斓，生命成长最为迅速、最为重要的一段时间。从这个角度看，我们说学校应该是一个直面生命，焕发学生生命活力的神圣殿堂，学校教育是努力为学生的生命健康成长服务，提高学生生命价值的有意义的活动。作为学生生命成长中的重要支柱、学校教育的主导者——老师，不仅要传播给学生知识和能力，更重要的是要传递给学生人的情感和生命的脉动，把自己的生命与心血融入学生学校生活的每一个阶段和每一个角落，使之富于生机，充满希望。

学生是人，是富于生命意义的人，这是一种最本质的朴素观，也是第一位的学生观，把学生当人来看待，还给其作为活生生的人应有的时间和空间，真正赋予学生"人"的含义，这是历史的进步和人类文明的标志，更是知识经济时代对教育的深切呼唤。

现今应该如何看待学生的天性呢？从教育发展的历史实践看，不论人们坚持性善论还是性恶论，最后都能通过一定的教育措施促使学生朝积极的方向发展，区别主要在于各自的教育方式和教育重点不同。性善论注重主体的自觉和内在力量的挖掘，性恶论注重外在规范的约束和行为矫正。当前，我们国家一些人坚持性恶论，不少家长和教师都自觉或不自觉地从性恶论的角度来看待学生，认为学生的天性是破坏性的、是和教育的要求相对立的，不严厉管教就难以成人。于是，在教育上，他们多采取强制、管制、灌输、矫正的方式来教育学生，以期培养它们具有社会所需要的品质，这种教育方式具有各种心理的和伦理的缺点，也和时代的主体精神相违背，因而，我们必须反对性恶论，提倡用积极乐观的眼光和态度来估计学生的天性。我们应树立一种乐观的人性观，善意地评估学生的天性和行为表现，多关注学生身上所具有的那种自我提高和完善的内在需要和倾向。乐观估计学生的天性，也就是要坚信每个学生都是可以积极成长的，也是可以造就的，是追求进步和完善的，因而我们要对教育好每个学生应充满信心。

2. 用发展的观点认识学生

人们经常用僵化的眼光而不是用发展的观点来看待学生，这是历史上和现实中都客观存在的问题，现代科学研究的成果与教育的价值追求，要求人们摒弃僵化观点，要用发展的观点来认识和对待学生。用发展的观点来认识和对待学生，包含以下几个相互关联的方面：

（1）学生身心发展是有规律的：有关生理学、心理学、哲学和教育学的研究表明，人的身心发展，既是自然的客观过程，又是社会历史文化过程，是自然性与社会性的统一。遗传、环境和教育是决定个人身心发展的基本要素，各种因素作为个体发展的条件，通过个体的活动而发挥作用。人的身心发展是一个连续的过程，同时又有阶段性，不同的年龄阶段有不同的年龄特征，一定阶段的年龄特征具有相对稳定性，也有一定的可变性。这些研究成果集中地反映了人身心发展的一般规律性，学生（尤其是接受基础教育的学生）的身心发展不仅服从这些规律，而且最典型地体现出人身心发展的特征与规律。认识到学生身心发展具有规律性是非常必要的，这是客观地理解学生的基础。学生身心发展的规律客观上要求人们应努力学习、领会有关人身心发展的理论，熟悉不同年龄阶段学生身心发展的特点，并依据学生身心发展的规律和特点开展教育活动，从而有效促进学生身心健康发展。

（2）学生具有巨大的发展潜能：关于学生的发展潜能，在理论上和实践中历来存在着认识上的分歧。在实际工作中，许多人往往从学生的现实表现推断学生没有出息，没有潜力，不少人坚持僵化的潜能观，认为学生的智能水平是先天决定的，教育对此是无能为力的。其实学生具有巨大的发展潜能。这已被科学研究所证实，裂脑研究、左右脑功能的研究、潜意识的研究，都为此提供了科学证据，而国内外关于智力开发的探索，则为此提供了大量的事实经验。不论是国外学者波诺（E.d.Bono）的横向思维训练、费厄斯坦的工具性强化训练，还是国内学者吴天敏的动脑筋练习、林崇德的思维开发教育，都得出了人脑通过专门训练，智力水平可以明显提高的结论。作为教育工作者，理应相信学生具有巨大的发展能量，要坚信每个学生都是可以获得成功的。在教育实践中，有不少探索正是基于每个学生都有获得学习成功的潜能的信念，才取得了全面提高学生学业成就的良好效果，如布卢姆的掌握学习、卢扎洛夫的暗示教学、阿莫纳什维利等的"合作教育学"、国内的成功教育等。相信学生的潜力，是把学生作为发展的人来认识的重要要求。

（3）学生是处于发展过程中的人：作为发展的人，也就意味着学生还是一个不成熟的人，是一个正在成长的人。在实践中，人们往往忽视学生正在成长的特点，而要求学生十全十美，对学生求全责备，这是和发展观点相对立的。其实作为发展的人，学生的不完善是正常的，而十全十美则是不符合实际的。作为一个进步的过程，发展总是与克服原有的不足和解决原有的矛盾联系在一起，没有缺陷、没有矛盾，就没有发展的动力和方向。把学生作为一个发展的人来对待，就要理解学生存在的不足，就要允许学生犯错误，当然，更重要的是要帮助学生解决问题、改正错误，从而不断促进学生进步和发展，这也是坚持用发展的观点认识学生的重要要求。

（4）学生的发展是全面的发展：从人性的角度看，学生的发展包括人的自然属性、社会属性和精神属性的发展；从个体身心角度看，学生的发展包括个体活动的生理调节机制方面的变化，也包括个体心理调节机制的变化；从个体和社会的关系角度看，学生的发展包括社会认知、社会技能、社会适应性等方面的发展；从发展的目的来看，除了为社会服务，为个人谋生之外，同时还要特别关注自身的不断完善。因此，学生的发展，强调的是人的基本素质要素的每一个方面的发展（全面发展），强调的是以个人特点为基础的独创性的发展，更关注的是个性的全面发展和全面发展的个性，以及这两者的高度统一。

（二）学生是独特的人

在历史和现实中，人们要么把学生视为没有思想和感受的白板，要么将其视为和成人没有区别的小大人，这些忽视学生独特性的观点是不正确的。事实上，学生有着自己独特的内心世界、精神生活和内在感受，有着不同于成人的观察、思考和解决问题的方式，也就是说，学生有着独特的个性。因此，在对学生的认识上，应确立学生是独特的人这一基本命题。学生是独特的人的命题，包含以下几种基本看法。

1. 学生是个完整的人

在现实生活中，人们往往认为学生只是受教育的对象或学习者来，忽视学生身心的整体性，这是不恰当的。其实，学生并不是单纯的抽象的学习者，而是有着丰富个性的完整的人。正如合作教育学所指出的："儿童每天来到学校，并不是以纯粹的学生（致力于学习的人）的面貌出现的，他们是以形形色色的个体展现在我们面前的。每一个学生来到学校的时候，除了怀有获得知识的愿望外，还带来了他自己的情感世界。"在教育活动中，作为完整的人而存在的学生，不仅具备全部的智慧力量和人格力量，而且体验了全部的教育生活。也就是说，学习过程并不是单纯的接受知识或技能训练，而是伴随着交往、创造、追求、选择、意志努力、喜怒哀乐等的综合过程，是学生整个内心世界的全面参与。如果不从人的整体性上来理解和对待学生，那么教育措施就容易脱离学生的实际，教育活动也难以取得预期的效果。要把学生作为完整的人来对待，就必须反对那种割裂人的完整性的做法，给学生完整的生活世界，丰富学生的精神生活，给予学生全面展现个性力量的时间和空间。

2. 每个学生都有自身的独特性

这种独特性，是人的个性形成和完善的内在资源，也是教育努力的主要目标。这就提出了一个问题：学生的独特性和教育的统一性如何协调？对此，既有片面强调教育统一要求的，又有单纯强调学生独特性和兴趣的，但这都不是令人满意的答案。不过，重视学生的独特性和培养具有独立个性的人，应是我们对待学生的基本态度。

3. 学生与成人之间存在着巨大的差异

人们往往把学生看成是小大人，认为他们能够认同、仿效成人的思想和行为，并基于这种认识对学生进行教育和评价。但是，越来越多的事实表明，学生和成人之间是存在很大差异的，学生的观察、思考、选择和体验，都和成人明显不同。由于受影视信息广泛传播的影响，现在的学生视野开阔、思想开放、讲究情趣，重视表现，对外界事物反应迅速而敏锐，追求新意和时髦。从某种意义上说，现在的学生已走在时代的前列，比许多成人更具时代气息，再用上一代的观念和行为来约束学生，很难取得预期的效果。只有摒弃传统的小大人观念，承认并正视现代学生的群体特征，认真研究现代学生的特点，采取积极引导的措施，教育者才能和学生有效地沟通，得到他们的认同和配合，从而达到教育和影响他们的目的。

简言之，每个学生都是完整的具有独特个性的人，学生群体同样具有内在的独特性，这是不可否认的事实。我们应立足于这一事实，在思想上真正尊重学生的独特性，在实践中发展和完善学生的个性，从而培养出具有独特个性的人。

（三）学生是教育活动的主体

学生是否是教育活动的主体，这在教学论上是研究得比较多的问题，争论也比较激烈。不过，随着时间的推移，学生是教学认识活动主体的命题日益得到广大教育工作者的支持。教师对学生的教育与改造，只是学生发展的外部条件和外因，学生的主体活动才是学生获得发展的内在机制和内因。当前，人们虽然在观念上并不完全反对学生是主体，但在具体教育实践中，却往往不把学生作为真正的主体来对待。因此，如何落实学生在教育活动中的主体地位问题，需要进一步的探索。为此，笔者结合当前实际提出以下几点看法：

1. 学生是学习活动的主体

这既揭示了学生是学习活动的主体，又说明了学习活动是学生的主体活动。对学生的学习活动，应做广义的认识和理解，它既包括各学科知识和技能的学习，学科能力和运用学科知识解决问题的能力的学习，也包括各学科知识之外的人文和科学等综合知识的学习，做人和做事等方面知识的学习；既包括知识、思想、观念等方面的学习，也包括态度、品质、行为等方面的学习；既包括习得和强化的一面，也包括矫正和消除的一面；既包括观察学习和模仿学习，也包括解决问题式的学习和创造性学习；既包括上述各个方面和各种形式的学习，也包括这些学习过程和学习机制的学习。学生作为这些学习活动的主体，要加工学习对象，改造学习对象，占有学习对象，以建构自我、发展自我、完善自我，从而实现主体客体化。

2. 学生是具有一定主体性的人

学生作为各种学习活动的发起者、行动者、作用者，其前提是具有一定的主体性，这是学生作为主体的基本条件。事实上，随着青少年学生自我意识的形成和不断增强，他自身就有一种自尊自信和追求真理的自觉性，在许多活动中渴望独立、渴望自主选择、渴望自裁判断。在教育活动中，学生发挥自身主体性的形式是多种多样的，既表现为学习意向上的自觉性和主动性，又表现为学习过程中的接受、探索、训练、创新等具体行为。在不同的任务和不同的条件下，主体性表现的形式也各有差异。落实学生的主体地位，关键是根据具体的教育要求，调动学生的主动性，为学生构建广阔的活动空间。

3. 教育在于建构学生主体

学生虽然具有一定的主体性，但就其程度而言比较低，就其范围而言比较狭窄，尤其在教学中，学生主体相对于教师主体来说，诸多方面的力量都显得十分微弱。教师的主体作用，一方面表现为努力提高学生的主体性水平，使其由片面到全面、由强到弱，使学生客体主体化，同时还要充分注意到主体的另一方面，诸如受动性、适应性、手段性，它虽然总是阻碍、抑制、影响能动性、自主性、自为性的有效发挥，但要充分认识到它的积极作用和积极意义。事实上，在一定程度上，人的主体性是能动性与受动性、自主性与适应性、自为性与手段性的辩证统一。

4. 应进一步探索学生主体活动问题

学生主体活动是学生主体性的典型表现，也是教育促进学生发展的基本机制。有关研究认为，教学中学生主体活动主要有四种类型：学生主体外部活动、学生主体内部活动、学生主体外部活动的内化和学生主体内部活动的外化。那么，在其他教育活动中，学生的主体活动又有哪些类型，各种主体活动的特点和功能是什么，如何有效建构这些主体活动，这些问题涉及具体教育活动中落实学生主体地位的原理和策略，需要深入探讨。

（四）学生是责权主体

从法律、伦理的角度看，在现代社会，学生在教育系统中既享有一定的法律权利，又承担着一定的法律责任，是一个法律上的责权主体。同时，学生也承担一定的伦理责任并享受特定的伦理权利，也是伦理上的责权主体。把学生作为责权主体来对待，是现代教育区别于古代教育的重要特征，是教育民主的重要标志。把学生视为责权主体，必然面临一个如何处理学生权利与学校职责的关系问题。一方面，学生是权利主体，学校和教师要保护学生的合法权利；另一方面，学校对学生负有有效的教育和管理的责任，必然要对学生的权利有所制约。如何既尊重和保护学生的权利，同时又能对学生实施有效的管理，担负起学校教育人、塑造人的责任，是教育管理需要研究的重要问题，这一矛盾的实质是学生权利的自由与限制的问题。

在处理学生权利自由和限制的问题上，常常有两种对立的做法：一种做法是强调学生的权利自由，这在欧美一些国家存在较多，它的基本思想是学生的权利是神圣不可侵犯的，一切要体现学生的权力至上，这也可以称为是学生权利管理上的自由主义。另一种做法是强调学校对学生管理的重要性，把有效的管理放在第一位，这在东方国家体现得较明显。这种做法对于学校教育的有效运作具有积极意义，但也容易造成种种侵犯学生权利的问题，表现出对学生权利尊重和保护不够的缺点，这种做法可以称为权力主义。其实，不论是自由主义还是权力主义，都没有找到自由和限制的合理界限。

我国在处理学生权利的自由和限制问题上，基本持权力主义的态度，也就是说，我们基本上是从有利于学校管理的有效运作出发来处理学生权利问题的，对学生的各种权利，如财产权、交往权、隐私权等，没有明确的意识和保护、尊重的措施，这是有一定缺点的。在忽视学生权利的同时，我们的学校管理还有一种保姆主义现象。所谓保姆主义，指的是学校对学生承担了无限多的责任，包括许多不必要的责任。社会上有种观念认为：学生入学以后的所有问题都和学校有关系，学校要对学生的所有问题承担责任。这对学校是一种沉重的压力，也使学生缺乏一种责任意识，保姆主义是学校的管理权限不明确的重要表现。权力主义和保姆主义，一个赋予学校无限的权利，一个赋予学校无限的责任，两者都没有处理好学生的权利自由与限制的关系。

我们认为，过分自由和过分限制都不利于学生的成长，也不利于学校工作的有效进行。因此，应在自由和限制之间寻求一种基本平衡。为此，需注意以下两点：

1. 要区分学生的个人行为和教育行为

对个人行为，学校不必过问，严格来讲也无权管理。对教育行为，学校负有组织、管理的责任，并应按照有关的伦理原则如公正、民主、人道精神来处理。学生的教育行为的自由，应以不妨碍教育目的的实现、教育活动的开展为界限。学校对学生的教育行为的限制，以有利于教育目的的实现、教育活动的开展以及全体学生的权利享有为界限。

2. 要区分不同年龄阶段学生的权利享受与责任承担问题

学生的年龄越大，则自由享受权利的能力越大，承担行为责任的能力也越大。学校对学生权利的限制，应同学生享受权利的能力和承担行为责任的能力挂钩。学生的年龄越小，学校负有的管理责任越大，对学生权利的限制也越大；学生的年龄越大，学校负有的管理责任越有限，对学生权利的限制也越有限。

视学生为责权主体的观念的是建立民主、道德、合法的教育关系的基本前提，强化这一观念，是时代的要求，也具有重要的理论意义。

第四章　教育质量保障与监控体系研究与进展

　　学校开展的各项教学活动是教学质量的一种动态体现，是学生在教师的引导下，系统学习科学文化基础知识和基本技能，树立科学的世界观、人生观和道德观，发展智力和体力，提高学生全面素质的过程。因此对整个教学过程实施质量监控，确保教学过程各个环节的有效运转，真正按教学发展的规律组织教学，运用科学的方法管理教学，调动全体师生在教与学过程中的积极性、创造性，实现教学管理的科学化、民主化、现代化是非常重要的。通过监控体系的建立与实施，不断提高高等学校的教育教学质量。

第一节　我国高等教育质量保障体系的发展历程

　　教学质量保障体系是指学校以提高和保证教学质量为目标，运用系统方法，依靠必要的组织结构，把学校各部门、各环节与教学质量有关的质量管理活动组织起来，将教学和信息反馈过程中影响教学质量的一切因素控制起来，形成有明确任务、职责、权限，相互协调、相互促进的教学质量管理的有机整体。

一、新中国成立前高等教育质量保障体系研究

　　第一时期（1862—1894 年）：1862 年成立的京师同文馆和 1866年创办的福建船政学堂是当时具有代表性的教育机构，其目的是培

养适应当时社会需要的、通晓各国语言和技术的新人才，特别是军事技术人才，而不是培养各级封建官吏。1894 年前后，国内创建了30 多所新学堂，它们以西方现代学校办学模式为样本，借鉴西方学校的教学制度和课程设置，培养对西两方殖民主义者所需要的人才，是清政府的应急产物。

第二时期（1895—1911 年）：1895—1898 年，相继成立的京师大学堂、上海南洋公学和天津中西学堂是中国现代大学的先驱，这段时间是中国现代高等教育发展的重要时期。20 世纪，清政府颁布实施的"癸卯学制"是我国第一部含高等教育在内的具有现代意义的全中性学制。辛亥革命前，中国现代高等教育的发展带有明显的日本模式。

第三时期（1912—1927 年）：该时期是中国高等教育发展模式的多元化时期，封建帝制的结束使现代高等教育进入了新的发展环境，1917 年，蔡元培借鉴德国"学术自由，教授治学"的高等教育理念并在北京大学实施，以北京师范大学为前身成立的东南大学则借鉴美国大学的高等教育理念，到 20 世纪中期，东南大学的发展成就在中国高等教育领域处于前列。

第四时期（1928—1949 年）：该时期主要以美国高等教育模式为主，融合了欧美各国特点。1927 年 6 月设立"中华民国"大学院，下设独立于政府之外的大学委员会，议决全国高等教育发展的重大事项。在区一级试行大学区制，每个区内设一所州立大学，区州立大学的校长为大学区区长，其综合处理学区内的所有学术教育事情。

二、新中国成立初期我国高等教育质量保障体系研究

第五时期（1950—1957 年）：建国初期，我国的教育模式全部以前苏联教育为模板，注重培养"德、智、体"全面发展的专门人才。

第六时期（1958—1977 年）：该时期我国高等教育发展开始回归"传统"，摒弃一切外来模式，走独立自主、自我发展的道路，借鉴延安根据地的办学经验指导高等教育的改革。1958—1977 年，中国高等教育先后受"大跃进""大调整""文化大革命"等活动的干扰和影响，发展到了崩溃的阶段。

三、改革开放后我国高等教育质量保障体系研究

第七时期（1978 年后）：改革开放的政策使中国的高等教育走出国门，博采众长。1985 年颁布《中共中央关于教育体制改革的决定》，随后颁布实施《中华人民共和国高等教育法》《中共中央国务院关于深化教育改革全面推进素质教育的决定》《面向 21 世纪教育振兴行动计划》等系列法规，充分借鉴世界各国高等教育的经验，促进了高等教育的深化改革。

20 世纪 80 年代，开始研究工科院校的评估方案；1994 年开始合格评估；1996 年开始优秀评估；1999 年开始随机评估。2003 年在综合以上评估方案的基础上，统一为教学水平评估，建立了五年一周期的水平评估制度；2008 年完成了第一轮本科教学评估，共评估了 589 所普通本科院校。这就是以教育部管理的高等教育评估为主体的高等教育质量保障体系。

目前，高等教育质量保障体系随着评估内容的调整发生了新的变化，如在质量保障的主体方面，已由过去单一的政府主导变成了自我评估，由过去的政府直接参与学校管理变成了政府只起宏观调控的服务作用，同时积极鼓励社会团体等中介机构参与、监督学校的教学质量评估，充分调动了高校的自主性、积极性。保障的主体变得多元化，即实行了政府宏观调控、社会参与监督、学校自主管理的保障模式。评价标准方面，由过去注重学术、学历的单一标准

向现在注重实用的多元标准转变；评价手段变得全面，如采用了课堂评估、学校领导听课、同行评估、学生评估、教学督导评估等手段，以全面提高高校的教育教学质量。

第二节 重构教学质量监控的过程管理体系

在新时期，深入贯彻《国家中长期教育改革和发展规划纲要》，再造合理、完善的教学质量监控体系是全面提高教学质量的必然要求，是依法治理学校的良好体现，关系到学校发展的各个环节，是一项庞大的系统工程，也是学校改革与发展的一项艰巨任务。

高等学校教学质量的主要影响因素有硬件与软件两个方面，硬件方面主要是教学设施条件，软件方面包括生源质量、教师的教学水平、学生的学习水平、校风、教学管理水平等。其中教学质量管理在学校现有办学条件下起着非常重要的作用，其重点是对教学的全过程进行有效的教学质量监控。在新形势下，采取一系列措施再造与重构教学质量监控过程管理体系并付诸实践，对于全面提高教学质量具有关键的作用。

一、指导思想与基本原则

（一）指导思想

坚持以教学质量为生命线和以学生为本的指导思想，重视教学各环节的教学质量，使教学质量监控与保障体系的运行始终围绕着高素质创新人才的培养。

（二）目标原则

教学质量监控与保障的目的是保证完成教学任务，实现培养目标。其任务就是发现偏离于计划目标的偏差，并采取有效的措施纠正发生的偏差，从而确保教学任务的完成与培养目标的实现。

（三）全员性原则

教学质量离不开全体师生员工的共同努力，人人都是质量监控与保障系统中的一员，其中学生是主体，教师是主导、教研室是基础，职能部门是核心，院系领导是保证。

（四）系统性原则

教学质量涉及教师、学生、教学设施等多方面，同时与学院办学定位、培养目标和管理等密切相关，是一个系统共同作用的结果。是由学院、职能部门、系（部）、教研室和学生班级等构成的一个多层次、纵横交叉的网络，是一个完整的教学管理系统。

（五）全程性原则

教学质量主要是在教学实施过程中形成的，质量监控与保障系统应能对教学的全过程进行监控，要做到事先监控准备过程，事中监控实施过程，事后监控整改过程。

二、目标与组织保障

（一）目标

构建教学监控与保障体系，重点是建立和完善科学的、合理的、易于操作的评估指标体系与相应的奖惩制度。通过教学质量的动态管理，促进学院合理、高效地利用各种资源，保证教学工作的正常运行，全面提升学院教学质量。

（二）保障措施

1. 组织保障

确保教学质量保障与监控体系的正常运行，充分发挥全员性原则，建立校院两级组织机构，形成"专兼并举，主辅结合"的管理队伍，形成管理合力。

2. 制度保障

使各项教学管理工作制度化、科学化、规范化和现代化，保证教学工作有序进行与教学质量不断提高，系统地建立一套较为完整的管理规范体系，使整个教学活动有章可循、规范有序。

3. 经费保障

促进教学质量不断提高，按照建设与发展要求，在教学设施建设、专业建设、课程建设、师资队伍激励等方面给予经费支持。

（三）教学质量监控与保障体系的构成

教学质量监控与保障体系由教学质量决策、教学质量监控、教学质量实施、教学质量信息收集、教学质量信息反馈5个子系统组成。它是一个逐层向下监控、逐层向上负责的"责权合一"的质量管理系统。本科教学工作的组织、安排责任在学校及各相关学院，教学环节的设计与实施的责任在教师。

四、教学质量监控与保障体系各子系统的功能

（一）教学质量决策系统

该系统由主管教学校长负责的教育教学建设委员会组成。通过教育教学建设委员会等组织开展教学决策活动，负责对教学工作进行宏观指导与管理，审定各教学环节的质量标准，协助协调各院（系）、职能部门按照学校的发展定位、办学理念和人才培养目标，制定本科教育教学改革与发展规划和条件建设计划。

（二）教学质量监控系统

该系统由学院（系）党政一把手负责的院级领导小组组成。通过制定一系列规章制度，激励广大教师开展教学工作，负责组织学院（系）教育教学建设委员会委员、教学督导专家、管理人员及学院（系）聘请的其他人员，对教学工作各个环节进行质量巡查，开展本科教学工作状态监控，实施质量评估。

（三）教学质量实施系统

该系统由教学副院长（主任）负责的教学质量保证系统组成，负责落实学院（系）教学工作的中心地位，落实授课教师教学任务，推进教学内容与课程体系改革，做好专业、课程、教材、现代化教学手段建设等工作；配合学院（系）完成对各教学环节教学工作的状态监控和质量评估。

（四）教学质量信息收集系统

该系统由院（部、系）教学副院长（主任）负责的教学质量信息收集系统组成，包括教师评学、学生评教。通过各种方式，广泛收集各级各类人员和学生对教师课堂教学效果的评价意见；对教风学风建设、教学改革的有关建议；对实践教学环节，尤其是对毕业论文（设计）的意见和建议等。汇总、处理各类意见和建议，及时反馈给相关学院、授课教师、学生班级和学生管理部门等。

（五）教学质量信息反馈系统

该系统由院（部、系）教学副院长（主任）负责反馈教学状态及质量测评结果，信息及时到位，问题、责任到人，发现问题限期整改。对于通过教学检查、质量抽查或其他渠道获取的教学信息，通过文件、报告、简报或校内媒体等方式及时发布给有关教学单位和部门，要召开教学信息反馈会，督促教学问题尽快解决。

五、教学质量监控的主要环节及实施要点

（一）专业建设

专业建设的主要监控点为人才培养目标、人才培养方案的制定、执行与调整，专业办学水平与特色，课程体系建设等方面。

（二）课程建设

课程建设的质量监控主要从建设目标、实施计划、课程师资梯队、特色创建、改革成效等方面进行评价。

（三）教学大纲的实施

教学大纲是进行教学管理、教师组织教学的主要依据。对教学计划、教学大纲实施情况的监控主要从课程安排情况、教学计划落实情况、实验课开设情况、实践环节的落实情况、教学大纲编写、教材选用、学生考试情况等方面进行评价。

（四）课堂教学

课堂教学是教学质量的核心环节。主要从课前准备、教学过程、课外作业与辅导、成绩考评等方面实施监控，包括备课是否充分、教案是否完整、教材是否恰当；讲授是否清晰、概念是否准确、内容是否更新、重点是否突出、是否启发思维、是否因材施教；课后作业与辅导是否到位；学生课程学习成绩考核是否科学、合理等。

（五）教材质量

对教材质量的监控主要从教材水平、使用效果等方面进行评价。

（六）实践教学

实践教学监控主要考核创新科研实验平台的内容与体系改革，实践计划、执行及效果。

（七）毕业设计

毕业设计（论文）监控主要从选题性质、难度、分量、开题、中期、答辩、综合训练度、指导教师资格与水平及精力投入、学生学习态

度、实际能力、设计（论文）质量、规范度、基础理论与专业知识、学术水平等方面进行评价。

（八）教学效果

教学效果监控主要从讲授质量、教学方法的运用、教学手段的使用，教书育人、因材施教、学生学习课程知识的情况、考核试题与评阅质量等方面进行过程监测和事后评价。

（九）教学改革

教学改革一方面着重于教学管理、教学内容与课程体系、人才培养模式、实践教学、文化素质教育等方面的改革成效；另一方面侧重于教学内容的改革、教学方法与手段的创新、多媒体课件的开发、争取教改项目的积极性、推出教研成果、编写并出版高质量的教材或教学参考书等方面。

第三节　高校教学督导现状及其队伍建设

《国家中长期教育改革和发展规划纲要（2010—2020年）》提出了提高人才培养质量，健全质量保障体系，进一步明确了教学督导的性质定位，规定了教学督导的使命和作用。为教学督导工作带来了新机遇的同时，也提出了新的要求，教学督导工作正面临一个新的转折期。

教学质量是学校的生命线，加强教学管理，建立行之有效的评价与约束机制，构建合理的教学质量监控与保障体系，成为高校十分关注与亟待解决的重要工作，教学督导体制作为教学质量监控系统体系的重要子系统，也成为教学管理改革与发展的必然趋势。

教学督导是高校对教学质量监督、控制、评估、指导等一系列活动的总称，目前主要的工作方式是通过对教学活动全过程和教学管理进行检查、监督，掌握情况，总结经验，发现问题并及时分析指导，从而保证教学质量的提高。

一、教学督导的现状

（一）教学督导的制度保障与运行机制方面

随着高等教育改革的不断深化，高校教学质量的竞争越来越激烈，许多高校为提高其核心竞争力，先后建立了校、院（系）两级教学督导制度，一般情况下这些督导机构都是在主管教学副校长的领导下开展工作，按照国家教育方针、政策和学校的规章制度，以专家身份对校内的教与学双方和教学过程，对影响高校教学质量的各种因素进行监督、检查、评估、指导等活动。多数高校制定了专门的教学督导文件，以保证教学督导工作有章可循，如《北京科技大学本科教育教学督导组工作管理办法》《广东工业大学教学工作督导工作规定》《华北理工大学教学督导委员会工作实施细则》等，对教学督导的职能定位、职责及人员组成作出了规定。如华北理工大学在选聘督导人员方面要求聘请治学严谨、为人师表、学术水平高、教学经验丰富、有一定影响力的教授，退休教授与在职教授比例为2：1，保证了教学督导工作的有效实施。

大多数高校教学督导机构有两种模式，一种是由校长或者主管教学工作的副校长直接领导下的独立部门，与教务处平行没有隶属关系的教学督导部门；另一种是挂靠在教务处或高教研究所，或是教务处下属的一个科室、督导组。第二种模式占较大比例，督导组可以较方便、及时地获取信息，但缺乏自身机构的运行机制和规则，缺乏有效的制度和机制保证，教学督导的定位不明确，工作职责不明确，督导效果不明显。

（二）教学督导的工作职能与工作方式方面

调查分析发现，许多地方高校教学督导工作开展的效果很好，如教学督导人员随机、经常性深入课堂听课，将问题及时向学校反馈，学校及时采取措施进行解决，保证了日常教学秩序的正常运行；教学督导人员参与各教学单位的教学检查，推动了二级学院教学管理的不断完善与健全；教学督导人员通过课堂教学督导与教师专项培训活动，促进了青年教师快速优质地通过教学关，提升师资队伍水平；督导人员参与精品课程的建设与评估，推动了学校课程体系、教学手段与方法改革；督导人员参与教学评估、学业认证等工作，推动了学校学科专业建设，使学校的教学水平与质量不断提升。

部分地方院校把教学督导工作简单地理解为督促检查，具体工作就是帮助学校收集信息、作出评价、上报结果，重检查轻指导、重发现问题轻解决问题，督导工作停留在"找毛病"的阶段，如有的高校只通过督导人员听几次课就简单地对教师课堂教学质量进行评定，而且评定结果与职称、评优、评先考核结合，不仅教学督导职能没有得到充分发挥，而且容易使教师对督导工作产生抵触态度，产生误解，形成逆反心理，使督导工作难以达到真正的效果。

二、教学督导队伍建设现状

一些从事高校教育教学研究的学者认为，教育督导队伍自身建设存在年龄结构、专业结构、职业结构、性别结构、民族结构等结构不合理、相关待遇未落实、素质不高、学术能力相对薄弱的问题。还有一些学者认为目前高校对教育督导的地位和作用认识不足，有的地方把教育督导机构当成"干部中转站"，督学队伍官员化现象严重，指导方面不力，督导的质量难以提高，督导人员的工作条件差。督学资格制度不完善，教育培训能力有限，督导人员的行政性强于专业性、教育性，教育督导队伍的学历和资历要求相对较低、地位不高。目前我国教育督导人员还处于专业化形成的初级阶段，应加强专业化建设。通过对地方院校教学督导现状的调查研究发现，地方院校教学督导队伍存在的问题主要集中于以下几个方面：

（一）教学督导队伍老化、结构单一

目前，地方高校教学督导机构的设置与人员的组成存在较多模式，有一定的随意性，如有的院校教学督导人员由全部在职人员兼任，有的全部聘请校外人员，有的全部由离退休人员担任，还有的由在职人员与离退休人员共同组成等。大部分院校教学督导人员由返聘退休老领导、老专家及在职人员组成。

高校聘请督导人员 70% 以上是离退休的老教师，具有丰富的教学经验，威信较高，有足够的时间和精力投入到督导工作，一定时期发挥了显著作用，但教学督导队伍的老化也影响了其进一步的发展。

第一，随着现代化技术和知识信息的快速发展，新的教学思想、新政策与信息技术不断出现，教育改革的力度、深度、广度在不同程度地加大，老督导人员较难在短时间内快速熟悉或适应新情况、新问题和新的教育理念，在引导教学改革、发挥教师潜力等方面跟不上时代的步伐；第二，教学督导工作是一项辛苦的重要工作，体力与精力成为影响督导工作的主要因素之一；第三，随着教学督导体制的不断完善，督导工作更规范化、科学化、技术化，靠经验与声望进行的督导工作不能适应现代大学的发展要求。

（二）教学督导队伍人员配备不足

地方院校督导队伍的建制基本保持传统的模式，以退休教师为主，人员一般在 10~20 人，但近几年各高校的发展规模普遍呈现学生数万、教师几千的状态，目前的教学督导配置远远不能充分体现督导的作用。

（三）教学督导的内容狭窄

教学质量的提高是一个系统工程，涵盖学校的办学定位、人才培养定位、专业设置与优化、课程建设与改革、师资队伍建设、教学管理、学习管理等方面，规范的教学督导工作包括"督教""督学""督管"三个方面，而大多数地方高校在具体督导工作中，重视对教学质量的督导，忽视了其他教学环节和过程，重视对理论教学的督导，忽视了实践教学环节，重视对教学秩序的督导，忽视了人才培养方案、教学大纲及课程设置与优化，重视对教师的督导，忽视了对学生学习活动及教学管理工作的监督等。

（四）督导人员的专业素质有待进一步提高

以离退休人员为主型的教学督导队伍，责任心很强，教学和管理经验丰富，在自己的专业领域享有一定的声誉，但督导队伍的专业结构、知识结构不合理，难以涵盖各类专业。高校为了适应社会经济发展和自身生存的需要，增设了与社会经济发展相适应的新专业，开设了相应的新课程，大多数学校很难找到相关专业出身的退休人员担任教学督导员；资源共享课与 MOOC 等新型教学手段与方法的出现，更给督导带来了严重的挑战，督导人员的督导理念、职业精神、专业知识和专业能力与现代大学要求存在一定的差距，亟待在学习与实践中提高。

三、强化教学督导工作的措施

（一）构建健全的督导制度体系

1. 确定合理的督导模式

随着新一轮普通高等学校本科教学工作合格评估的开展，学校应以促进教学质量的提高为重心，以发现问题为前提，以改革教学环节为途径，重新定位教学督导工作，重构与本科教学合格评估相结合的校、院二级督导管理机构，在二级学院成立院级督导小组，教学督导工作重心下移，进一步强化各学院的自我质量监控功能，充分调动二级学院的积极性，发挥各学科专家在各自专业方面的优势，使督导工作更有针对性与实效。

2. 健全教学督导体系

进一步明确督导人员的责、权、利，提高教学督导在质量监控体系中的地位和作用，强化其督导功能。

（二）督导与服务相"融合"

"导"是教学工作的重点内容"督"是为了更有效地"导"，以"督"为辅，以"导"为主，两者相融合才能使"导"具体到位，使"督"得到延深和落实。督导人员要通过对教师工作的"督"，了解和掌握其不足，帮助他们解决教学中出现的问题，改革教学方法与手段，提高教学技能；督导人员要挖掘教师的潜能，帮助他们总结经验，养成个性化的教学风格。同时，校、院两级管理部门要定期组织召开督导工作会议，听取建议，梳理信息，解决督导中存在的问题，帮助督导人员提高工作效率与督导水平，以便更好地服务教学工作。

（三）构建"三督一体"督导内容体系

教学督导的内容包括督教、督学和督管三个主要环节。督教是对教学环节的监督检查，大部分地方高校较重视督教，而督学和督管工作未得到体现。督学是对学生学习活动过程的检查与指导，学生是体现学校教学质量的载体，是教学督导的重要对象。督学的内容包括学生"二观"、思想政治觉悟、学习自觉性等德、智、体多个方面；通过督学促进学生自我控制、自我管理，提高学生综合素质。督管是对教学管理人员的检查指导，一方面，学校要对教学管理人员的工作进行检查评议，保证教学管理部门最大限度地履行其教学管理职责；另一方面，学校要对教学管理人员进行系统的教学管理知识培训，提高教学管理素养和能力。可见，只有构建"三督一体"的督导内容体系，才能真正全面、高效地发挥教学督导的作用。

（四）加强督导队伍的专业化建设

国外历来重视督导人员的整体素质，督导人员精通教育理论、教育管理与教学实践。建立一支专兼职相结合，专业、年龄结构合理，素质良好的督导队伍是高等教育教学改革与发展的需要，也是高校提高教学质量的必然要求。高校要加强督导队伍的职业化建设，加强督导队伍的专业结构优化，要求督导人员具有专业知识、专业技能和职业道德；建立有效的教学督导人员培训机制；明确其职责与职权；加强其理论与技术研究，提高督导工作水平。

综上所述，教学督导作为一项保证教学质量的有效手段，在教育决策的制定、教学管理的规范和教学质量的提升等方面发挥了积极的作用。高校的教学督导系统能否顺利构建及优质运行，其关键取决于是否具备一支高素质的督导队伍。

第五章 高校思想政治教育

第一节　网络对大学生政治社会化的影响与调控策略

大众传媒在公民政治社会化的过程中扮演着举足轻重的角色，它发挥着灌输政治知识、引导政治舆论、树立政治典型、激发政治参与等功能。互联网作为继报纸、广播和电视之后出现的"第四媒体"，以其海量的信息、快捷的传播速度以及交互式的传播方式给传播业带来了深刻的变革，已经成为当代公民政治社会化的重要平台。据中国互联网络信息中心（CCNIC）统计，截至 2017 年 6 月底，中国网民总数已达到 7.51 亿，互联网普及率为 54.3%。大学生是青年群体重要而特殊的组成部分，作为网络青年的急先锋，其政治社会化受互联网影响的程度更加深刻。网络正在以其独特的存在和运行方式，冲击和消解传统的大学生政治社会化模式，重塑当代大学生政治社会化的全新范式。

一、互联网与政治社会化

（一）政治社会化的概念与领域

"社会化"是社会学和人类学上的术语，出现于 19 世纪末期。在社会学上，它是指人们通过社会互动，形成人的社会属性，实现人的社会生活，促使和保持社会的一致性的过程。社会化的内容非常广泛，主要包括传授基本的生活知识和劳动技能、灌输生活目标和培养价值观念、认识自己的地位和角色、教导和学习行为规范等内容，可划分为性别角色社会化、道德社会化、政治社会化、职业社会化、民族社会化等类型。

一般认为，"政治社会化"这一概念最早由戴维·伊斯顿和杰克·丹尼斯于1958年提出，由赫伯特·海曼在1959年出版的《政治社会化：政治行为心理学的研究》一书中首次系统地加以论述。也有学者认为，"政治社会化"的历史可以追溯到美国20世纪20年代末30年代初针对公民政治教育开展的研究。自此，"政治社会化"逐渐成为西方政治学研究的重要领域，并经历了以儿童和青少年的政治社会化、以人的一生的政治社会化、以苏东国家政治制度的转变为主要研究对象的三个阶段。

我们认为，政治社会化的终极目标源于"社会化"又超越了"社会化"。一方面，在普遍交往理性的驱使下，人们倾向于把自己与他人同时当作目的，并付诸理解、商谈、合作等具有利他性的普遍交往行为。由此，完全自私化的"自然人"转化为理性的"社会人"，这就为政治社会化提供了必要前提和基础。另一方面，政治社会化又超越了个体社会化的成果，它把"社会人"再向前推进一步，指向最能体现人的本真的政治本质，从而使"社会人"转化为"公共人"，即所谓的"公民"。"公共人"的核心是公民的政治人格，它在行为上主要体现为对公共事务的关注和参与。

国内外学者对"政治社会化"的释义主要有以下两种观点：

第一，从微观上看，政治社会化是人们学习政治知识和政治技能的过程。例如，戴维·伊斯顿和杰克·丹尼斯指出，"政治社会化是人们获得其政治倾向和行为模式的成长过程，它是社会将关于政治的知识、态度、规范、价值取向等从一代传到下一代的方式"。格林斯坦认为，"就狭义而言，政治社会化是负责政治教育的机构对政治知识、政治价值与政治实践的反复灌输"；"就广义而言，是一生中每一阶段的各种政治学习，包括直接的政治学习和名义上不属于政治的学习，如社会态度的学习，以及对政治有关的获得个性特征的学习"。兰顿认为，"政治社会化是人们把自己所属的社会团体对社会的信仰和观念融合到自己的态度和行为模式中去的过程，是政治社会代代相传政治文化的方式"。

第二，从宏观上看，政治社会化是政治文化维持和变迁的过程。例如，阿尔蒙德和鲍威尔认为，"政治社会化是政治文化形成、维持和改变的过程。每个政治体系有某些执行政治社会化功能的结构，它们影响政治态度、灌输政治价值观念，把政治技能传授给公民和精英人物"。国内学者陈秉公认为，"公民政治社会化是政治文化实现的过程，是指一定的政治统治体系为了维护其政治统治，通过一定的渠道将政治文化传授给社会成员的过程"。张关宏、胡雨春认为，"政治社会化就是政治文化的形成、维持和改变的过程，也就是一个社会内政治取向模式的学习、传播、继承的过程"。

此外，也有学者主张将宏观与微观视角统一起来，例如，国内学者施雪华认为，"政治社会化是人们通过学习和接受一定的政治文化而获得政治雏形，形成政治人格的过程，同时也是一定的政治文化传播的过程，两者是有机的统一"。

从领域上审视，政治社会化研究主要有三个方面：一是研究社会个体学习政治知识、获得政治取向，形成和完善政治人格，以适应政治生活的过程；二是研究政治文化的传播、代际传递和变迁的方式和过程；三是研究政治体系的运行过程及与政治社会化的关系。我国学者李元书认为，上述三个领域可以具体化为七项内容，即：政治文化的传递与变迁；培养、完善政治人格与政治自我的实现；政治角色的获得和扮演；教导和获得政治技能；政治社会化的过程和途径；政治体系与政治社会化；政治文化、政治体制的整体剧变与政治社会化。这大体上能概括出西方，尤其是美国政治社会化研究的主要领域。但是，应该指出的是，在西方政治社会化研究的发展进程中，一方面存在着一个由注重家庭、同辈群体与政治社会化的关系转向重视大众传媒与政治社会化的关联这样的变化过程，并且越来越关注传媒的作用；另一方面，他们虽然对政治社会化做了跨文化的比较，但其研究重心仍然放在自己的社会，比较是为了分析本国的政治社会化问题，而对于中国本土政治社会化研究成果较少。

综上所述，笔者认为，政治社会化是一个持续不断的社会成员与政治体系（包括政治文化）之间相互联系、相互影响的互动过程，它包含政治系统主客体之间两个运动过程的辩证统一：一方面，政治社会化是社会成员通过各种途径学习政治文化，获得政治知识、政治价值观、政治参与倾向，从而形成政治人格，成为政治人的过程。在这一过程中，个体是政治社会化的主体，因此要特别注意个体的政治心理发展规律、社会环境对其的制约和影响。另一方面，政治社会化又是政治系统塑造和调控其成员的政治心理和政治意识的过程，是政治文化的教育、传播过程。在这一过程中，社会是政治社会化的主体，而个体则成为客体。只有相当数量的社会成员接受某种共同的政治文化模式，才能真正形成政治社会，产生统一的政治共同体。

（二）网络与大学生政治社会化

互联网作为一种全新的传播媒介，有着以数字化、网络化、信息化、多元化、全球化、个人化、高效化、多媒体化、零成本化为标志的生存状态，以交互性、虚拟性、学习性、直接性、即时性、竞争性、选择性、创造性为标志的动作模式，以多边性、全时性、等时性、广容性、脆弱性、易检性、垄断性、共享性为标志的机制特质。

作为网络青年的急先锋，大学生在政治社会化进程中受到互联网的影响较为深刻。

但是，从现有的文献来看，关于大学生政治社会化的定量研究不多，现有的定量研究成果集中在对大学生政治社会化的状况研究和影响因素研究上，如华正学通过对浙江部分高校的调查分析，归纳了当代大学生政治社会化的特点。作为政治社会化重要管道的网络媒体研究，也主要局限于理论探讨，鲜有实证研究成果。例如，张啸尘阐述了网络技术对政治社会化的正面和负面影响；郑碧强着眼于青年群体，探讨了网络对其政治社会化的正反两方面作用；张昆从传播学和政治学的角度系统阐述了网络传媒对于政治社会化的作用。总而言之，学者们的观点是：网络对政治社会化来说是一柄"双刃剑"，网络海量的信息资源增进了民众对政治知识的理解，同时，网络信息的多元化也冲击了主流的政治价值观。遗憾的是，上述成果多停留在理论层面，缺乏实效性和针对性。

二、网络时代大学生政治社会化的调控策略

通过上述分析得知，尽管网络传媒对大学生了解时事知识影响显著，具有成为大学生政治社会化重要平台的潜能，但就目前的状况而言，大学生利用互联网了解政治、参与政治的比例却相对较低，互联网与大学生政治价值观偏离主流密切相关，而且可能降低大学生对当前政府体制、政策和政治的认同。可以说，互联网对大学生政治社会化的作用是双重的，积极和消极的影响共存。要促进网络环境下大学生政治社会化的正向发展，就必须对互联网积极的方面作进一步的引导和利用，同时对互联网的消极作用作进一步的限制，找出促进网络环境中大学生政治社会化正向发展的有效措施，有针对性地解决互联网的负面影响。

（一）加强我国主流网络媒体建设，提高大学生对网络的信任度

网络传媒对大学生政治知识水平的影响是正面且有效的，因此，应该充分利用网络传播政治信息的丰富性、实时性和便捷性，向大学生传播准确客观的政治猜息，提高大学生的政治知识水平。大学生对"在获取的政治信息中，主流媒体的可信度胜于小道消息"这道题目的回答中，有64.8%的受试者选择"同意"或"非常同意"，这表明多数大学生更信任主流媒体的政治信息。主导政治信息和文化是统治阶级政治思想的集中反映，它是否具有随着社会政治生活的发展而不断赋予自己内在的活力，是否对社会成员具有巨大的吸引力，以及是否通过各种途径和手段被广泛、深入地教育和传播，关系着其能否得到社会成员广泛的认同和支持，关系着政治共同体的稳定。我们应该认识到，互联网是主导政治信息和文化传播以及汲取新鲜血液不断增强自身生命力的重要渠道，也是大学生接受、学习、内化主导政治信息和文化的重要场所。因此，要促进大学生政治社会化的正向良性发展，必须加强我国主流网络媒体建设，增加我国主流政治信息和文化的网上传播优势与吸引力。

第一，加强红色网站建设，丰富、美化、优化网络信息资源。加强主流政治文化传播，主要途径就是要办好红色网站，占领网络阵地。为此应牢固树立强烈的阵地意识，用正确、积极、健康的思想文化和先进理论占领网络制高点，打造一批以社会主义主流政治意识为主要内容的红色网站，以科学的理论武装大学生，以正确的舆论引导大学生，以高尚的精神塑造大学生，以优秀的作品鼓舞大学生。首先，应在党委领导下，成立各部门协同配合的领导小组，加强对红色网站建设的领导，配备专门的技术人员，加大经费和设备的投入，开设网上党校、团校、理论学习、事实政策、"两课"

辅导与答疑、校务公开等解决学生思想理论与实际问题的栏目。其次，红色网站要有鲜明的马克思主义立场，要大力宣扬无产阶级世界观、价值观和人生观，大力弘扬我国的优秀传统文化。再次，要不断采用新的网络技术，不断维护和更新网站内容，增强红色网站的服务功能。充分利用网站 BBS 和聊天室，围绕国内外重大事件，结合大学生的思想实际，邀请专家学者开办网上学术论坛和学术讲座，与大学生进行实时互动交流，掌握其思想动态，引导他们正确分析和判断问题，提高政治社会化的质量。

第二，大力开发网络思想政治教育软件，构筑网上思想政治教育阵地。政治社会化与政治教育、思想政治教育既有联系，又相互区别，但在本质上是一致的。政治教育在一些发达资本主义国家也被称为政治社会化或公民教育。正如美国教育部国际研究学院院长所言，"我们学校的任务就是教学生政治社会化技术，或者称公民技术。中国称思想政治教育，我们称公民教育，或政治社会化"。可见，对大学生进行思想政治教育，加强网络思想政治教育阵地的建设，对于促进网络环境中大学生政治社会化的正向发展具有重要的意义。因此，要高度重视思想政治教育软件的开发，精心设计富有时代特点、具有较强感染力、影响力和吸引力的教育软件，使之成为集德育性、知识性、交互性、趣味性和仿真性于一体的电子教材，感染和影响大学生。软件的开发必须体现出系统教育性、生动活泼性和主流意识形态性的要求，形式丰富多彩，内容切合实际，立场坚定鲜明。软件的设计必须根据青年大学生的身心发展特点，贴近学生的学习生活，针对他们关心的热点、焦点和难点进行制作，通过形象生动的网络语言和网页设计，将文字、数据、声音、图像、动画的思想政治教育信息在愉悦和轻松的方式下潜移默化地传递给学生，从而增强思想政治教育的实际效果，巩固思想政治教育在网上的阵地。

（二）加强政府对网络媒体的监管，构建健康有序的网络政治环境

尽管言论、出版、集会、结社、游行、示威的自由是我国宪法第 35 条规定的公民的基本权利，但是国内外学者普遍提出应应从保护公民隐私权、名誉权以及维护善良风俗的角度出发，对言论自由加以限制，言论自由必须建立在符合法律规定的基础上。网络传媒的可信度之所以低，很大程度上也是因为网络政治环境的混乱。这一方面是由网络自身存在的缺点所造成的，另一方面，则是因为部分网络主体利用网络提供的便利条件从事危害个人和社会的网络行为，而相应的网络监管措施却并不得力。因此，应该加强对网络言论的监督，构建健康有序的网络政治环境。

第一，严密监控网上政治类信息动向。各级政府网络管理部门应设立专门的机构，配备专门的人员，投入专门的经费监控政治信息流向，特别是对不良政治信息的来源、渠道和去向要有严密的追踪与挖掘机制，为下一步的过滤和降低有害性处理提供有利的条件；各网络运营商和服务商应按照国家公布的《互联网信息服务管理办法》的规定对禁止发布的九类信息进行严密的监控，对有害信息要一查到底；要广泛发动社会个体抵制网络不良政治信息的积极性，对于接触到的不良政治信息及时向网络管理部门反映情况，提高监控的效率和效果；对法律规定应承担相应监控义务而没有履行职责或履行职责效果较差的部门或单位，要依据法律规定给予严肃的处理，以显监控的有效性。

第二，技术屏蔽不实政治信息，防止不良政治文化的泛滥。加强网络监控技术，采用技术手段直接从源头上截住有害政治信息的传播，控制不良政治行为，是净化目前大学生政治社会化网络政治

环境的又一有效手段。首先，应配备相应的专业管理人员和技术人员。网络管理人员应积极利用网络技术对互联网政治信息进行积极监控，并及时做出处置，防止有害政治信息进入大学生的视野。其次，要建立系统完备的监控检查体系。网络管理部门应建立科学、开放、完善的监管机制，做到条理清楚，责任明确，落实到具体的部门和个人，形成对互联网监管的合力。再次，要积极开发和研究相应的软件，借鉴国外同行在网络监管方面的先进经验和技术，对互联网进行网址拦截、文字拦截、图像审查、程序屏蔽，有效地阻拦黑色和灰色政治信息，控制不良政治行为。

其三，制定网络法规规范人们网上的政治参与行为。加强网络法制建设，以法律手段规范政治行为和政治信息的传播，是净化目前大学生政治社会化网络政治环境的有效手段之一。首先，要端正思想，提高意识，充分认识到依法保障和促进互联网政治信息传播及规范网络政治行为的重要意义。其次，要加强和完善网络立法，进一步加大《中华人民共和国计算机信息系统安全保护条例》《中华人民共和国计算机信息网络国际联网管理暂行规定》《互联网电子公告服务管理规定》《互联网信息服务管理办法》《全国人民代表大会常务委员会关于维护互联网安全的决定》《互联网站从事登载新闻业务管理暂行规定》《互联网出版管理暂行规定》《互联网文化管理暂行规定》等法规的宣传贯彻力度，根据现实和将来的需要修改和制定网上信息发布规范、网上信息审查监督等法规，从而使我国网络的运行进一步走向制度化、法律化。同时，严格网络执法和司法，积极运用法律手段对互联网进行管理和规范，坚决打击和处罚违法的群体和个人，努力打击网络犯罪，维护和规范互联网的正常运行。

（三）加强对大学生网络政治参与的引导，构建宽松合理的政

治交往关系

统计分析表明，网络的政治讨论无法代替现实中的政治参与，大学生长期接触网络会导致对网络的技术依赖，形成只适用于虚拟环境的网络思维，这不利于大学生将来参与政治实践。因此，要积极开展大学生网上政治信息获取和政治参与的引导，引导他们有效地进行政治学习，正确地获取政治信息，提高认识和判断政治现象的能力，形成健康的政治心理和人格，自觉遵守网络法律法规，理性地进行政治参与，形成宽松而合理的政治交往关系。

第一，引导大学生提高互联网政治行为的道德自律。道德作为治理社会的一种有效手段，在网络环境中同样不能缺少。因此，通过提高大学生自身的道德自律，从内部规范他们的行为的做法变得十分必要。这就要加强对大学生的网上政治道德教育，形成对道德的正确认识，增强道德判断能力，树立正确科学的政治价值观、网络观，自觉抵制不良的网上政治行为，健康、文明地使用网络。

第二，引导大学生在现实社会的实践中磨炼政治技能，提高政治经验，锻炼政治思维。互联网政治参与毕竟只是对现实政治参与的一个模拟，只有在现实中直接从事政治活动，大学生才能获得直观的政治经验，才能使政治技能得到实质性的提高，才能使政治思维真正具有创造性。因此，要大力提倡和积极组织指导大学生参与各种形式的政治实践，特别是校园政治活动，使大学生认识社会，了解国情民意，学习正确认识和处理各种复杂的政治关系和政治问题，积累政治经验，为未来从事社会政治活动打下良好的基础。

第三，引导大学生形成宽松而合理的政治交往关系。首先，要引导大学生正确地利用互联网进行政治交往，建立符合社会要求的政治关系，正确地鉴别和判断各种政治交往对象，提高警惕，避免与政治思想偏激、反动和图谋不轨的人建立政治交往关系，以免受到潜移默化的影响甚至是别有用心的控制。同时，不能过多地沉溺于网络虚拟政治交往，而忽视现实社会政治交往的重要性。只有在现实社会中才能掌握政治交往的真正内涵，提高政治交往的真实技能技巧。其次，要引导大学生尽可能地利用互联网扩大自己的政治交往范围，不要局限于狭小的政治群体，要尽量在各种政治群体之间实现跨越，建立结构合理、要素完善的政治交往圈，以利于在与不同政治对象和政治群体交往时博采众长，汲取各方面的营养，学习各具特色的政治经验，在广阔而宽松的政治环境中促进政治社会化的顺利进行。

第二节　思想政治教育的合法性：三维视阈下的证明

思想政治教育既是我们党的一项工作，又是一门科学，其重要性不言而喻。但在学术界和理论界，人们对思想政治教育的意义和重要性关注较多，而对思想政治教育为什么存在，即思想政治教育存在的合法性则关注较少。这一现象"譬如河流之上的一座桥梁，对于经常过桥的人而言，桥是一种直接被给予的存在，他们不会过问桥为何存在，而更多关心的是桥面是否平坦，桥是否危险，或者桥是否已经年老失修等"。因此，有人认为，"思想政治教育合法性危机是普遍存在着的一个十分棘手而又重大的问题，这迫切需要理论界给出深刻而令人信服的答案"。

所谓合法性，就是政治上有效统治的必要基础和存在依据，合法性意味着某种政治秩序被认可的价值以及事实上的被承认。对于思想政治教育来说，合法性问题是指其赖以立足的根本问题，是对人进行思想政治教育的存在依据，是其存在的合理性、正当性和必要性。我们拟从三个角度来论证思想政治教育存在的合法性。

一、人的需要是开展思想政治教育最根本的合法性

思想政治教育作为人类社会的一项实践活动，其面对的对象是人，要论证思想政治教育的存在合法性，首先应该从其对象入手。

人是社会的存在物，人的本质"在其现实性上，它是一切社会关系的总和"，这是人的社会属性。人之所以具有社会属性，是因为人具有了独立思考和判断而进行实践的能力，而这一能力是动物所没有的。因此，人是"能动的自然存在物"和"有意识的类存在物"。他们不仅仅具有自然属性方面的表现，如吃、喝、住等物质的需要，更具有社会属性方面的需要，即希望超越现实的理想需要、精神需要。马克思主义认为，"任何人如果不同时为了自己的某种需要和为了这种需要的器官而做事，他就什么也不能做"，人的"行动的一切动力，都要通过他的头脑，一定要转变为他的愿望和动机，才能使他行动起来"。人们有了自己的需要，就会不断努力通过实践去实现，把需要变成现实，以达到改变世界，重新构建世界的目的。可见，"愿望和动机"的存在升华了人的精神世界，而且提升了人存在的价值和意义。

在马克思主义看来，人是社会历史的主体，是历史的创造者。但是人们在创造历史的时候并不是随心所欲的，"而是在直接碰到的、既定的、从过去承继下来的条件下创造"，这就存在正确与错误、必然与偶然的可能。而思想政治教育作为一种有组织、有计划、以培养人的思想政治素质为目的的社会活动，明确体现着人的发展

和社会发展的方向性和价值取向性。在人的实践过程中，人的选择与社会的选择一致时，才能获得发展的动力，进而实现自己的发展。思想政治教育就是要通过激发人们的正确的主体选择，把人在发展中符合社会目标的思想观念内在化，最终形成正确的理想信念，并对其行为产生持久的支配与指导作用，进而始终与社会发展的方向与目标同频共振。

正是由于思想政治教育作用于人这一社会存在物，才使之产生与人类社会发展相一致的行为和取向。反之，人要想实现自己存在的意义和价值，就需要思想政治教育的实践活动。由此认为，人的需要产生了思想政治教育最根本的合法性。

二、社会的需要是开展思想政治教育的现实合法性

著名学者张耀灿指出："思想政治教育这个概念，虽然古代和国外不曾适用，但思想政治教育所包括的政治教育、思想教育、道德教育却是人类社会进入文明时代以来的普遍社会现象。"

其实，思想政治教育作为一种实践活动，它在人类社会诞生之日就已经开始发挥作用了。在原始社会，人类刚刚从动物的世界当中脱离出来，生产力极其低下，抵抗自然和野兽侵袭的能力非常弱。为了生存和发展，人类便集中起来形成部落，人们集体制作工具、集体劳动、集体获取生活资料、集体去同自然界和野兽作斗争。在部落内部"还看不到国家存在的标志"，"我们看到的是风俗的统治，是族长所享有的威信、尊敬和管理"。在日常从事生产生活的过程中，一般年长者有意或无意地通过自己的言语和行为示范等手段，让儿童或青年在直接参与生活的过程中自然而然地学会这些规范，这就是最原始的思想和道德教育活动。不难看出，维持生活的需要，尤其是最起码的生存的需要，是原始社会思想和道德教育得以产生

的历史根源。

人类进入阶级社会后，由于阶级统治和阶级斗争的需要，思想政治教育的作用已经悄然发生了变化，"思想政治教育的首要价值并不是在于培养和教育，而是一种权力微观技术彼此争夺的界面和平台"，"思想政治教育在社会政治哲学层面上的合法性源于其作为意识形态的国家机器"。在奴隶社会、封建社会以及资本主义社会，为了维护自己的统治秩序，统治阶级对思想政治教育的控制一直是其在意识形态领域的主要任务。面对资产阶级的文化专制，阿尔都塞的弟子波朗查斯指出："占统治地位的资产阶级意识形态的特征之一，实际上就是它以一种特殊方式隐瞒阶级剥削，以致任何阶级统治的痕迹都系统地从它语言中消失了。事实是，它本身的状况不允许任何意识形态以阶级统治的意识形态出现。"总之，无论是中国古代社会的"独尊儒术""经世致用"，还是西方国家进行的公民美德培养、公民教育、道德培养以及政治教育，都是在思想政治教育方面加强控制的表现，只不过不称为思想政治教育罢了。

在社会主义社会，社会的性质和所处的环境决定了思想政治教育的工作更加重要。江泽民明确指出："党的思想政治工作是经济工作和其他一切工作的生命线，是团结全党和全国各族人民实现党和国家各项任务的中心环节，是我们党和社会主义国家的政治优势。"社会主义社会是"以人为本"、促进人的全面发展的和谐的社会。在人的全面发展过程中，思想政治教育有着重要的作用，"思想政治教育是一个由理论说服群众到理论掌握群众的动态发展过程"，在这个过程中，满足人、培养人、发展人、成就人，就是思想政治教育的出发点和落脚点，它通过提高人的素质、活跃人的思想、振奋人的精神、满足人的需要、发挥人的潜能来最大限度地调动和发挥人的积极性、主动性和创造性，为社会和人自身的发展创造物质和精神条件。因此，在社会主义社会，思想政治教育不仅是社会的需要，也是人的需要。

综上所述，在整个人类社会发展过程中，思想政治教育作为一种现实存在，在不同的社会发展阶段以不同的作用方式来适应不同社会的需要。因此，其存在具有坚定的现实合法性。

三、科学性是开展思想政治教育的必要合法性

有学者指出："任何阶级、任何政党都是重视对人的思想政治教育的，只不过无产阶级及其政党更加自觉更加主动更加张扬罢了。"为什么无产阶级政党敢于这么做呢？因为无产阶级政党的思想政治教育是科学的，这在中国共产党进行的思想政治教育上体现得尤为明显。

首先，中国共产党进行的思想政治教育的指导思想是科学的。中国共产党进行的思想政治教育是以马克思主义为指导思想的。马克思主义是科学，深刻地揭示了人类历史发展的客观规律，为人类进步、社会发展指明了正确方向。历史和实践已经证明，马克思主义诞生的 160 多年来，始终与时代同行、与实践同步，始终代表着劳动人民的根本利益和要求。尽管社会主义运动在实践过程中遭遇了严重挫折，但是马克思主义没有过时，也没有失败。面对 21 世纪人类社会的发展，法国思想家德里达指出，"不能没有马克思，没有马克思，没有对马克思的记忆，没有马克思的遗产，也就没有将来"。

其次，中国共产党进行的思想政治教育的内容是科学的。中国共产党带领中国人民，结合漫长的革命斗争和社会主义建设的实践，形成了统一的指导思想、共同的理想信念、强大的精神支持和基本的道德规范。它包括马克思主义指导思想、中国特色社会主义共同理想、以爱国主义为核心的民族精神和以改革创新为核心的时代精

神、社会主义荣辱观。这四个方面的内容相互联系、相互促进，是一个科学的、统一的体系。说它科学，是因为它鲜明地回答了在新的历史条件下，用什么样的精神旗帜带领全体人民开拓前进、中华民族以什么样的精神状态屹立于世界民族之林的问题；说它统一，是因为马克思主义是灵魂，共同理想是主题，民族精神和时代精神是精髓，荣辱观是基础，这四个方面互相贯通、自成一体。中国共产党思想政治教育经历了80多年的历史，至今仍保持旺盛的生命力，其重要原因之一就是它始终贴近时代的要求而不断创新发展，不断充实和完善，适应了时代的新变化、新特点。

再次，中国共产党进行的思想政治教育的方法是科学的。在思想政治教育过程中，中国共产党形成了一套科学的方法。它坚持以实践为基础，以灌输为原则，以疏导为教育方针，以交往为教育手段，切实提高思想政治教育的主动性、针对性、实效性。具体来讲，以实践为基础，就是不仅把实践同教育对象的社会关系联系起来，不断拓展教育的深度，而且还不断开拓教育对象的实践领域，增强教育的广度和强度；以灌输为原则，就是要把认知主体的差异性同他们的社会生活联系起来，在实践中检验和内化理论，从而"提高他们的思想认识，使他们具有真正符合他们的崇高称号的各方面的素养"，最终使人形成先进的思想；坚持以疏导为方针，就是在转化人的思想时，通过疏通思想和积极引导，消除疑虑，使人克服原有的错误思想，接受和内化正确的思想和先进观念；以交往为教育手段，就是教育者与受教育者通过表情、言行等形式，把自我感情表达给受教育者，以此进行心灵沟通和交流，促进教育过程的和谐，提高思想政治教育的效果。

思想政治教育作为我们社会中的一种积极存在，其指导思想、教育内容和教育方法的科学性为其存在提供了必要的合法性。在深入贯彻科学发展观，积极构建社会主义和谐社会的时代背景下，我们从上面三个方面论证了思想政治教育存在和开展的合法性，希望为思想政治教育在新时期、新背景下发挥更大的作用和意义提供坚实的理论基础。

第三节　高校思想政治教育评估体系的问题及其对策

思想政治教育是我们党创建的一项行之有效的思想教育模式，开展思想政治教育是我国高等教育的重要内容。高校思想政治教育反映了社会主义办学方向，直接关系到高校"培养什么人""如何培养人"的核心问题。因此，高校思想政治教育开展的成败从一定程度上，决定着我们为社会培养和造就什么样的人，如何培养担当起国家富强与民族复兴重任的人。为此，就必须加强对高校思想政治教育实事求是、科学准确的评估。实际上，思想政治教育评估是依据一定的标准，运用测量和统计分析的方法，对思想政治教育的过程及其实际效果进行质的评判和量的估价的活动。思想政治教育评估不仅使人的政治思想和价值观念同社会价值取向、思想意识形态、政治状况统一起来，而且通过思想政治教育评估可以有效地了解当前社会的思想政治教育状况，提高思想政治教育的针对性和目的性。它既能为决策提供借鉴和咨询，又能检查决策执行的情况和效果，成为思想政治教育管理科学化的重要手段。因此，无论从理论上分析，还是从实践效果上来看，思想政治教育评估都具有重要的意义。

一、高校思想政治教育评估体系存在的问题

如前所述，高校思想政治教育评估非常重要。但是，在进行评估的实践过程中，评估工作的完成主要是以评估体系作为标准来实现的。思想政治教育评估体系是指由各个评估指标相互区别、相互联系的能够反映思想政治教育效果的指标整体结构。在我国，高校思想政治教育评估已经实践了近三十年。在学术界和理论界，诸多专家和学者对高校思想政治教育评估的研究已经非常深入。在一定程度上讲，高校思想政治教育评估体系已经比较成熟和完善，但是随着高等教育体制改革的深入和教育的发展，无论从实践层面上讲还是从理论层面上讲，高校思想政治教育评估体系在评估范围、评估内容、评估效果、评估方法等方面仍然存在一定的不足之处，具体表现在以下几个方面：

（一）高校思想政治教育评估体系的范围和内容需要"与时俱进"

高校思想政治教育评估，到底是对什么进行评估？只有明确了这一问题，才能使高校思想政治教育评估有明确的针对性和目标性。随着社会变化和时代的发展，高校大学生接触的外界信息越来越多，生活方式多样化、价值取向多元化以及现实世界虚拟化带来的冲击使高校思想政治教育内容不能仅仅局限于学生手中的教材和课本，教育的地点不能仅仅局限于课堂。高校思想政治教育也应该随着外界环境的变化而发生相应的改变，要做到"与时俱进"，高校思想政治教育的评估内容和评估范围也应该发生相应的转变。

（二）高校思想政治教育评估的性质有待明确

高校思想政治教育评估的性质是重"政治"还是重"道德"？这关系到高校思想政治教育的发展方向问题。当前，众多高校思想

政治教育评估体系的内容往往和德育评估体系的内容出现了重叠，忽视了"思想政治教育的全部工作，其直接目的和专门任务，都是为了把本阶级、本社会对人们的思想政治品德要求变成人们实际的思想品德"。实际上，思想政治教育作为意识形态教育的重要手段，是为一定的经济基础服务的。因此，思想政治教育评估体系的重点应该突出"政治"特色，而德育评估体系的重点应该突出"品德"或"道德"特色。当然，做到两者截然分开是有很大难度的，它们也不可能做到泾渭分明。因此，学界和理论界应该参照两者突出的特色加大对两者评估范围的研究和思考。

（三）高校思想政治教育评估的方法有待科学化

要想达到高校思想政治教育评估的目的和效果，就必须借助现代科学的方法和手段。因此，高校思想政治教育评估方法的科学化、时代化便被提到日程上来。在当前进行的高校思想政治教育评估的实践中，许多地方和高校还囿于查阅文件、检查资料等传统的评估方式。当然，传统的评估方式固然有其优势所在，但是随着时代的发展和科技的进步，高校思想政治教育评估的方法有待更新。

（四）高校思想政治教育评估效益问题的研究有待进一步深入

高校思想政治教育评估存在的价值如何，这是关系到评估是否存在合法性的重要基础性问题，"而这也正是思想政治教育评估最为困难的一环"。在现实中，用什么标准来衡量评估的价值，是众多学者和专家一直在思考的。而在理论界和学术界，大家都认为思想政治教育评估很重要，而且也有必要在高校开展思想政治教育评估。但是如何让大家看到其实实在在的效益，为思想政治教育评估和思想政治教育正常顺利地开展提供坚实的合法性基础，是当前亟待解决的问题。

（五）高校思想政治教育评估的主客体问题有待及时理清

这一问题是关系到"谁来评估""谁被评估"的中心问题。首先是高校思想政治教育评估主体的组成问题。随着高等教育体制改革的深入，高等教育领域的"中间力量"越来越多，他们有足够的能力和水平承担高校和教育行政部门的部分功能，其中就包括评估的功能。其次是评估主体的角色定位问题。评估主体是以什么样的角色出现在评估客体面前，这关系到评估主体功能的发挥。在众多的研究当中，有人把评估主体定位为教育行政部门实施的监督者和管理者的角色，有人把评估主体定位为对评估客体业务上的指导者的角色。再次是评估主体和评估客体的关系问题。对于两者的关系，虽然有的专家学者进行了研究，但是由于评估主体角色定位不同，导致两者的制约与反制约的关系体现的也不同。

二、构建新时期高校思想政治教育评估体系的对策思考

评估是思想政治教育过程的最后一个环节。对高校思想政治教育进行评估，是一项具有理论意义和实践意义的重要课题。在新的时期，高校思想政治教育评估体系要在继承历史成熟体系的基础上，在评估内容、评估方法、评估效益和评估主体等方面进行不断完善和创新，使之具有更鲜明的时代特征。

（一）把具有时代感和时代特征的思想政治教育元素融入新时期高校思想政治教育评估体系当中

建立新时期高校思想政治评估体系。首先，要在评估系统中增加对心理教育、学生违法违纪教育以及校园周边环境治理的评估，不仅注重对校内思想政治教育的评估，还要增加对校外思想政治教育内容和环境的评估。其次，要增加对学生社会实践能力的评估。把对学生校内思想政治教育同对学生的社会适应力、社会实践能力

的培养统一起来。再次，要增加对校园"虚拟环境"和"虚拟内容"的评估。在目前的思想政治教育环境中，由网络信息环境塑造起来的"虚拟空间"对学生特别是大学生思想政治教育的影响非常大。尽管不能对所有网络环境进行评估，但是，可以对与评估校园有关的网络建设和网络环境进行相应的评估，以强化校园网络文化建设。最后，不仅注重对学生个体的评估，还应注重对高校教师思想政治水平、能力和状况的评估。只有思想政治教育合格的老师，才能培育出适应社会发展需要，能够担当起社会责任和重担的思想政治合格的学生。

（二）要运用现代思想政治教育评估手段和方法对高校进行评估

当前高校思想政治教育评估的手段要么过于传统，要么流于形式，现代科技手段和方法运用较少。笔者认为，高校思想政治教育评估不仅要注重对有关原始材料的检查，而且要把现代先进的技术和方法运用到评估实践中。例如在评估实践中可以充分运用现代网络技术，还可以充分借鉴现代管理理论和方法以及质量管理体系加强对思想政治教育的评估。此外，高校思想政治教育评估还可以根据实际情况创新评估手段和方法，以达到增强评估效果的目的。

（三）要运用定性和定量相结合的办法衡量思想政治教育评估的效益

完善高校思想政治教育评估体系，加强对评估效益的探索和实践。首先要坚持当前利益和长远利益相结合。高校思想政治教育的客体主要是大学生，大学生的发展成才事关国家和民族的未来。在对评估客体进行评估时，不仅要注重对在校大学生的思想、政治状况进行评估，而且还可以尝试对从被评估学校毕业的大学生的思想政治状况进行评估，把毕业前评估同毕业后评估有效地结合起来。其次，要坚持政治性评估与思想道德性评估相结合、政治性为先的原则。列宁曾经指出"在为阶级矛盾所分裂的社会中，任何时候也不可能有非阶级的或超阶级的思想体系"。在社会主义国家，思想政治教育是进行意识形态教育的重要手段，"是团结全党进行伟大政治斗争的中心环节"。虽然在和平建设时期，但是还应该注重对青少年政治态度、思想意识的培养和教育。再次，要坚持"校内评估"同"校外评估"相结合。在对高校进行思想政治教育评估时，要把大学生的校内表现同校外表现结合起来，不仅要评估学生在校内接受思想政治教育的状况，还应注重校外社会对学生的意见和建议的评估。总之，在对作为评估客体的学生和教育过程进行评估的时候，有必要拉长评估的空间和时间，深化评估的广度和深度。

（四）要建立适应高等教育和思想政治教育发展的评估主体

评估主体是评估行为的实施者和评价者。由不同评估主体实施的高校思想政治教育评估将产生不同的评估效果和结果。在过去，评估主体往往以教育行政主管部门人员为主，辅以高等教育领域的相关专家学者。但是随着高等教育体制改革的深入和思想政治教育的发展，评估主体多样化趋势越来越明显，评估主体不仅仅有教育行政主管部门，还包括教育科学研究组织以及教育领域内的"中间力量"或教育领域的非政府组织（NGO）。为了达到评估的真实效果，笔者认为，有必要加强和规范评估主体的培育和训练，尝试发挥教育领域非政府组织的评估职能，建立由相关政府机构牵头、教育领域内"非政府组织"负责实施的评估主体。当评估完成后，由他们负责把评估结果反馈给相应的政府机构和高校，以达到评估的真正目的。

第六章　高校行政管理

　　高等院校行政管理体制改革是当前我国高等教育体制改革的核心，也是改革的难点。高等院校行政管理体制改革既包括教育行政管理体制改革，也包括高校内部的行政管理体制改革。虽然我国在高校行政管理体制改革方面进行了不断地探索和实践，但由于我国的具体国情和一些体制性原因，使得改革多处于系统改革不够深入的局部推进阶段，产生了不少的问题，同时也影响了高等教育改革的整体效果，并在一定程度上阻碍了改革的进程，增加了改革的成本。

　　历史赋予高等教育的重要使命，社会大环境对高等院校的影响以及客观存在的问题都对高等院校行政管理体制改革提出了迫切的要求。政府和高等院校必须深入分析高校现存问题，找准原因，积极探寻解决办法，要在转变政府管理职能、扩大高校办学自主权、加强宏观调控、改革管理手段和方式等方面下功夫。高校自身也要积极转变观念，破除"官本位"思想，改革官僚化，倡导学术，还权学术，及时调整转换管理职能，加快人事分配制度改革、社会保障制度改革，积极引入市场管理理念和管理机制，提高办学效率和办学效益，从而促进高等院校整体改革的深入发展。

第一节　高等院校行政管理体制改革的研究

当前，国际竞争主要体现在综合国力的竞争，特别表现为人才的竞争。高等教育作为培养和造就高素质人才的核心阵地，受到世界各国的普遍重视和大力扶持，不论发达国家或发展中国家都把高等教育作为本国发展战略的重要内容，这已经成为一条普遍的经验。目前，我国正致力于建设惠及数以亿计人口的全面小康社会，纵观外部环境和内在条件，对于我国这样一个人口大国，如何把我国众多人口的压力变成我国建设全面小康社会的人力资源优势，并实现人力资源向人才资本的转变，为国家培养千百万人才，并全面提高国民素质，作为中国高等教育重要承载的高等院校，在新世纪被时代寄予了更高的期望，同时也面临着更为严峻的挑战和更为难得的发展机遇。

为迎接这一挑战，近十年，我国高校在教育体制上进行了不断的探索和实践，先后在教学体制、招生就业体制、办学体制、行政管理体制等方面进行了大刀阔斧的改革和调整，基本理顺了体制关系，调动和发展了高校的办学积极性，办学效益初步得到实现，高等院校在社会经济发展中占据了越来越重要的地位。高等院校行政管理体制作为高等教育体制的核心和关键，在高等教育体制改革中占据着特殊的不可替代的重要作用，在新世纪高等教育的历史使命中扮演着极为重要的角色。高等院校要完成时代赋予的历史重担，就必须在大力加强教学科研工作的同时，努力建设一套科学、有效的管理制度和一支高素质的管理队伍，为教学科研和社会服务工作铺路搭桥，保驾护航。这些年，虽然在高校行政管理体制上先后出台了落实办学自主权、高校合并、后勤社会化改革、高校人事制度改革、"211 工程"和"985 工程"建设等，促进了高等学校的发展和进步，但由于以前较为僵化的管理模式依旧存在，改革多为局部改革，缺乏整体推进，有些改革不够深入，使得改革的整体效益得不到较好的体现，严重束缚了高等院校的改革和发展，受到了社会大众的广泛批判，有人甚至指出，中国高校行政管理体制是"中国最后一块红色堡垒"。

目前，很多学校的办学自主权难以落实，政府仍管了太多不该管也管不好的事情，高等院校的发展受到了很大局限，与时代和社会的要求格格不入，学校内部由于没有进行相应的职能转变，缺乏实质性"较真格"的制度改革，一些机构、人事、分配改革流于形式，换汤不换药，没有触动原有体制的根基，学校机构林立，超编严重，分配激励机制影响了职工积极性的发挥，导致了政府管理和高等院校行政管理的低效、无力，学校在发展上困难重重、矛盾不断，限制了高校其他体制功能的发挥，并直接影响了学校的发展和中国高等教育改革的整体推进，阻碍了高等院校育人功能和社会服务职能的有效实现。特别在中国加入 WTO 后，中国教育逐步向国际社会开放，高等教育的大众化、国际化将在各个方面对中国高等院校产生冲击，特别是发达国家先进的高等教育管理制度对中国较为传统和落后的管理模式冲击尤甚。是沿袭旧制，被动接受？还是主动改革，迎接挑战？在中国高等院校发展的重要关头，进一步推进和加强高等院校行政管理体制改革显得尤为重要和紧迫。

目前，对高等院校行政管理体制改革的研究比较多，如对办学自主权的研究，对高校合并的研究，对领导体制的研究，对办学体制的研究，对人事改革的研究等。但是，对此问题的研究大多是对高等院校行政管理的某个方面或局部的研究，对行政管理体制的系统性研究不够，已有的研究也多以对策研究为主，缺乏对一些较深层次原因的深入研究。笔者认为，高等院校行政管理体制改革是一项系统工程，需要进行全面而深入的分析，并进行系统的、科学的改革，才能产生改革的整体效益。笔者也认为，此问题的深入探讨和不断完善，有助于中国高校的发展和完善；有助于中国高等教育水平的整体提高；有助于中国新世纪宏伟目标的实现。进行高等院校行政管理体制改革需要众多专家学者进行及时的理论分析、总结和理论构建，需要政府和学校管理层对此问题高度重视，转变观念和思路，积极实践。但同时，笔者也认为，在中国特殊的国情面前，其历史积淀的"人治"传统、"官本位"观念对于中国高校管理体制的改革具有不可忽视的影响，要实现我国已经明确的新世纪高校的改革发展目标将是一个长期的、艰巨的历史过程。进行中国高等院校的管理体制改革必须把问题放到既定的客观环境中，抓住事物的主要矛盾和矛盾的主要方面，它需要更多的人对此进行更为自觉、更加深入的理论研究和实践探索，深入探寻现代高等教育发展的普遍规律，进一步为高等学校的管理体制改革提供科学有效的理论指导。笔者自工作以来，一直在高校从事行政管理工作，对此问题有比较深刻的、直接的感受和体会，深为高校行政管理的各种弊端对高等教育事业的影响而担忧，并认为必须要进行大力的研究，并进行科学的、系统的改革和完善，才能激发高等院校行政管理的活力，进而为高等院校的其他管理体制改革提供坚实的基础保障。

对于高等学校同高等教育的概念，人们的理解也不尽相同，主要有两种观点。第一种：高等学校即高等学校系统，包含各级各类高等学校；第二种：高等学校即大学。笔者认为，结合我国的实际和人们的约定俗成，高等教育更多表示为一种社会系统，专指高等教育这一行业。高等学校作为高等教育的具体承载和表现形式，更多的应包含各级、各类高等学校，而不应仅仅局限于大学。为研究的需要，特别指出，本文所称的高等教育特指普通高等教育，不包括成人高等教育、军事高等教育、民办高等教育或其他非正规的高等教育，本文所称的高等学校仅限于普通全日制高等学校，不包括成人高等学校、军队院校、民办高校和其他非正规的高等学校。从严格意义上讲，高校的内部管理不能称之为行政管理，但由于我国事业单位的特殊背景，尤其在中国高校普遍行政化、官僚化的特殊背景下，它们之间有许多共通的东西，称之为行政管理在一定意义上是符合实际情况的，所以本文在使用上并未做出严格的区分，这也正是本文将要讨论的重点。高等学校行政管理分为两个层次：一个层次是指国家教育行政部门对高等学校的教育行政管理；另一个层次是指高等学校内部的行政管理。高等学校内部的行政管理体制是高等学校管理体制的一部分，高等学校管理体制包括多个方面的内容，如招生就业体制、投融资体制、教学管理体制、科研管理体制、后勤管理体制、行政管理体制等。

第二节　我国高校行政管理体制改革的依据

以发展为主题，以结构调整为主线，以政府部门放权和管理体制创新为动力，以提高办学质量为出发点是这一时期高等教育改革的主要特征。高等教育体制和运行机制正从适应计划经济转变为适应市场经济；资源配置正从政府主导型的计划配置转变为政府宏观指导下的发挥市场调节作用；教育政策越来越体现公平与效率的统一；人才培养规格和模式日益多样化；教育在促进思想道德观念的更新，促进社会进步方面作用越来越大。建立现代大学制度是当前高等教育改革深化的必然要求，也是内部改革的外在动因。

随着高等教育改革重心的逐步下移，高等学校本身在改革中的地位和意义已经越来越重要。发达国家的历史经验也表明，教育的改革必定经历一个从系统的、宏观的层面转向学校层面的过程，这种转变是由高等教育本身的使命和功能决定的，因为人的培养毕竟是由学校承担的。随着高校办学自主权的落实，高校的办学规模逐渐扩大，办学内容普遍在扩大，内部管理活动的独立性和重要性也日益显现。如学校的发展计划和目标的制定与落实；学校财政和资源的自主筹措、运作与分配；办学质量的控制；体制的创新与发展；公共关系的开拓与发展；教职员工与学生的沟通；围绕办学工作的管理与服务等重大问题上，高校的权力越来越大。革除高校内部的种种不适应症状，自我发展、自我约束、精简高效的内部运行机制是建立现代大学制度的微观基础，也是内部管理体制改革的目标，这是来自高校内部的直接动因。

大学作为学术性的文化机构，具有组织的一般特点，又在管理制度和管理模式上有其鲜明而复杂的特征。由于学术活动的"自然模糊性"特点，使得大学的组织目标很难规定得具体明确，大学也很难像一般社会组织那样严格按照理性管理原则，如利用科层化和科学管理来设置机构、划分权限和进行明确清晰的职责分工去实现效率的最大化。这种模糊特征决定了大学的管理是追求建立有效率的、灵活的、创新型的管理制度和运行机制，这种模糊特征也表明，做好大学的管理工作是有相当难度的。作为规模庞大、职能众多的知识型组织，大学的事务正变得越来越复杂，现代信息技术的发展又极大地改变了学校管理的职能和模式，大学的管理职能已经由"传统性学术田园的守望者"转变为"创新性企业型大学的开拓者"，管理在大学的生存与发展中显得越来越重要。加强管理，向管理要效率、要质量、要效益是高校生存发展的根本大计。

一、教育行政管理体制改革的因素分析

一定的高等教育总是与一定的社会历史条件相联系，分析社会的宏观背景可以为我们认识、分析高等教育提供更广阔的视野，帮助我们揭示高等教育改革发展的深刻社会动因。研究中国当代高等教育的宏观背景就应该认真分析我国社会主义初级阶段的基本国情，分析当前国内外社会政治、经济、科学技术和文化教育等的发展变化及其对中国当代高等教育所产生的深远影响。

（一）国家政治体制和行政体制改革的深入推进和发展

对高等学校行政管理体制改革提出了客观要求。我国政治体制改革本质上是我国社会主义政治制度的自我完善和发展。我国政治体制和行政体制改革的内容主要表现为：完善党的领导机制，实行党政分开，促进党的领导与行政管理的协调统一；强调行政管理权力要进一步下放到地方政府，加强地方政府在区域社会发展与经济建设过程中的主体作用和决策权限，加强宏观指导和监督；解决行政效率低下的问题，消除臃肿的机构设置，精简各级行政机构，提高行政效率。这些方面的改革促进了社会主义物质文明和精神文明的建设，扩大了社会主义民主，巩固了人民民主专政，维护了安定团结的政治局面。社会主义政治体制和行政体制的发展变化是我国高等教育管理体制和运行机制发展最为深刻的社会动因，为我国高等教育的体制改革和高等教育行政的职能转换创造了有利条件。

（二）市场经济体制深入发展和不断完善

要求高等教育管理体制应进行相应的改革和调整。在社会主义市场经济体制下，多种经济成分的并存和发展冲击着学校办学主体的单一化格局及相应的管理模式。经济主体的多元化排斥着高度集中的教育决策行为，要求决策主体在决策权上进行明确划分。随着包括劳动力市场、资金市场、信息市场等在内的市场体系的健全，市场的多变性、竞争性、开放性及信息网络性的特点，日益要求学校面向社会需要独立自主办学，要求教育行政部门的宏观调控要有合理的依据。

自著名经济学家舒尔茨等人创立"人力资本理论"后，教育资源作为人力资本已被列为生产性投资。"教育是全局性的、主导性的基础产业"的观点已在世界范围内取得共识。1992年，党中央国务院在《关于大力发展第三产业的决定》中明确指出："教育是全局性、先导性的基础产业。"高等教育生产的是有巨大外部效应的准公共产品，即它不仅对受教育的学生有效益，而且对国家和全社会都有效益。这一特征使得高等教育又有"公益事业"的特性，因而不能以赢利为目的。但高等教育又为经济建设和社会发展培养高级人才，不可能完全由国家财政包办。基于此，在社会主义市场经济体制下，把高等教育作为一个特殊产业来开发，在一些院校和领域采取某些市场机制和企业经营机制，如重视产、供、销的衔接，重视投入与产出，讲求效益，在财政和人事制度上运用适当的竞争机制等，对高等学校的发展是十分必要的。

市场经济的改革促使高等教育观念的转变，进而推动政府制定适应市场经济发展的高等教育政策、法规，这些政策、法规就成为大学与政府关系模式转变的基本依据。现在大学已成为经济发展和国家生存不可缺少的事物，成为社会的"轴心机构"。现代社会，政府愈来愈关心高等教育的发展在国家与社会发展中的作用；愈来愈要求高等教育与社会经济发展相适应；愈来愈倾向于通过立法、行政、经费资助等手段影响高等教育改革与发展的方向。因而，在现代大学的发展与改革中，政府制定的政策、法规发挥着愈来愈重要的影响作用，这种影响作用在集权式的高等教育管理体制（我国应属于这种类型）中显得尤为突出。当计划经济体制向市场经济体制转变之后，人们逐渐认识到，计划经济体制下，政府大包大揽的方式已不能很好地维持高等教育系统的运转，甚至会成为高等教育继续发展的障碍。解决这一问题的唯一方法是下放权力，让大学具有更多的办学自主权，使它们能独立地面向市场。基于上述认识，政府制定了一系列有关扩大高校办学自主权的政策，并最终在 1998年通过的《中华人民共和国高等教育法》中明确规定了高校在诸多方面的自主权（《高等教育法》第 32 条至 38 条）。应该说，《高等教育法》中关于高校自主权的明文规定是在市场经济条件下实现大学与政府关系模式转变的最重要的法律依据。

在市场经济条件下，高校经费来源的多样化成为大学与政府关系模式转变的经济基础。《高等教育法》第 86 条规定："国家建立以财政拨款为主、其他多种渠道筹措高等教育经费为辅的体制，使高等教育事业的发展同经济、社会发展的水平相适应。"普通高等教育经费来源构成的这一变化（即政府拨款所占比例的降低和民间资金所占比例的升高），既构成了大学与政府关系模式转变的基础，其本身又是大学办学自主权扩大的一个主要方面。

国民经济的快速增长对高等教育提出了更高的发展要求，也为高等教育的更快发展提供了更充分的条件。实行改革开放政策 30 多年后，我国初步建立了社会主义市场经济体制的基本框架，形成了全面对外开放的新格局，社会经济保持持续高速增长，国内需求旺盛，综合国力得到明显增强。到 2012 年年底，我国国内生产总值突破 50 万亿大关，国家经济总量位居世界第二位，人民生活实现了从温饱到小康的历史性跨越，中国进入了全面建设小康社会的历史新时期。毫无疑问，经济的高速增长一方面要领先高等教育的快速发展，对高等教育提出更高的发展要求，另一方面也为我国高等教育的持续发展提供了强大的物质基础。可以说，国民经济的快速发展是改革开放 30 多年来，我国高等教育持续快速发展的根本原因。

（三）加入 WTO 和高等教育国际化的要求

加入 WTO 标志着我国改革开放进入了一个新的历史阶段。中国在教育服务方面的承诺对高等教育管理体制改革的影响极为深刻。高等教育国际化将成为高等教育改革的一个主要趋势。世界各国的高等教育管理体制和管理模式，势必对我国高等教育管理体制和管理模式造成冲击。据此，学校办学自主权、高等教育理念、人才培养模式、学科专业设置、教学内容和课程体系、学生构成成分、教育经费筹措方式等将在不断的随着对外开放的深入而发生重大变革，不断完善我们自身的管理体制和管理模式。同时，政府的教育管理行为要符合 WTO 有关条款的要求；教育政策法规的制定和执行将会更加公开、透明；要改变教育行政部门对学校的管理方式，清理并减少政府行政性审批，使教育活动运行向着更为有利的管理体制转变，向深化教育行政管理职能的方向转变，由直接管理向宏观管理和间接管理转变，进一步扩大学校的办学自主权。

（四）高校对落实办学自主权的迫切要求

在国家集中计划、政府直接管理的以条块为主的高等教育管理体制下，高校办学由政府越俎代庖，政府对高校管理的有效性要求不高，只需对上级与计划负责，而不需对经济与社会负责。政府部门为管理而管理的思想严重，便于管理和约束是教育行政部门关注的首要问题。因此，他们管理的典型表现是热衷于不断地下文件、作规定、下指标，习惯于批评通报，喜欢干预学校具体的办学行为，不敢放手让高校依法独立办学，结果使得教育行政部门管得过多、过死，管理手段和途径越来越单一，管理职能不断扩大，管了太多不该管、也管不好的工作，造成政府自身管理效率和效益的低下。实践证明，这种管理模式严重阻碍了高校管理效益和办学效益的提高，扼制了大学发展的生命力。1985 年颁布的《中共中央关于教育体制改革的决定》中曾尖锐地指出："在教育事业管理权限的划分上，政府有关部门对学校主要是对高等学校统得过死，使学校缺乏应有的活力，而政府应该加以管理的事情，又没有很好地管起来。"

目前，我们正在深入完善社会主义市场经济体制，市场经济体制决定了高校必须解放观念，以市场主体的身份逐渐步入社会大市场。高校越来越成为一个开放的系统，这使得高校同社会的联系更为广泛和复杂。高等教育要适应教育与社会一体化的发展趋势，必然要吸收社会信息、资金、技术等各种资源，只有这样才能发挥其功用与效能。高校与社会系统之间以及由此而引发的高校内部的新情况、新问题越来越多，同时，知识经济时代对知识创新的要求又使得高等学校进一步强化了其功用与效能，使其从最初的教学单一功能到教学、科研两个中心，继而又从社会服务发展到今天的教学、科研、产业化服务并举，成为决定国家和社会发展的命脉。换言之，高校肩负着发挥多样化办学功能的历史使命，在这种情况下，高等学校必须根据环境和形势的改变而灵活调整自身的发展和生存方式。为了解决这个矛盾，就要让人才培养的供方（各个高等学校）与需求方直接联系，并且要让供给方具有按照需求方的多种要求灵活调整培养计划的能力，即高校要有办学自主权。与此同时，现代高等学校管理的本质特征是"自主"，但现状是政府对高校的旧的管理模式已不适应新形势的要求，国家包揽大学的办学体制和行政干预以及直接管理的手段已经受到强烈冲击，但仍旧还在发挥作用，相应的市场手段、法律手段尚未得到有效充分地建立，高校自主权的落实还未得到有效的、令人满意的体现。为此，一些高校在许多方面对政府转变职能，放权于高校有了更多新的要求和期待。但是，对于落实自主权的问题也不能走到另一个极端，即只重视放权而不重视权责的统一。

（五）高等学校通过近些年的调整、合并，学校规模不断扩大，对管理提出了更高的要求

众所周知，管理不是无限的管理，它的作用对象总是有限的，总有一定的范围，管理对象超出这个范围，对管理的效益和效率就会产生影响，造成管理的低效益、低效率，甚至使得管理混乱、无序、无效，以致适得其反。目前，高校的数量庞大，规模庞大，且由于老体制的遗留问题，使得高校管理事务庞杂，而市场经济对高校的影响也越来越大，高校的招生、就业、后勤社会化、人事制度改革、融资渠道变化等越来越受到市场、社会的影响，政府对此管理起来越来越力不从心，不能灵敏地把握市场对高等学校的新需求，也不能完全满足高校的发展要求。因此，必须及时对传统的管理体制进行改革和创新。

（六）办大教育的要求

人口众多、自然资源相对不足、生产力水平不高和区域发展不平衡是我国基本国情的集中概括。这一基本国情对我国高等教育事业的发展具有根本的制约作用，是我们思考有关发展战略与制定宏观规划的基本出发点。为充分发挥现有高校的有限资源，为社会培养更多的建设人才，产生更多更好的科研成果，更好地服务社会，我国需要大力加强高校管理体制改革，充分挖掘管理潜能，发挥管

理效益,消除各种体制的束缚性因素,从而让一切能够创造科研成果、培养人才、服务社会的源泉充分涌流。

二、高校内部行政管理体制改革的因素分析

（一）教育大众化和教育收费制度的需要

近几年,我国高等学校的招生人数每年都在按两位数的速度递增,学生人数在不断地增加,学校的规模在不断地扩大。90年代中期以前,万人大学在中国就是非常了不起的学校,而现在,万人大学比比皆是,动辄三四万、五六万人的大学也不少见,真正可以称得上是一个小城市的规模。随着并轨招生制度的实行,学生开始缴费上学并开始承担教育成本,由于招生规模的扩大,高等教育开始向大众化方向发展,学生缴费上学使高等教育市场化的性质得到一定程度的体现。为此,高等教育成为百姓日常关注的焦点,人们开始关注教育的效益、效率和公正性,这也对新形势下高校管理提出了更高的要求,要求加强管理问题研究,提高管理水平和效益,充分释放管理能量,提高办学效益、效率,不断满足日益社会化的高等教育的发展要求。

（二）提高高校管理效率和效益的需要

目前,在我国高校的管理体制中,管理的科学性、民主性不够,办学效率和效益缺乏一套科学的评价、激励、监督和约束机制,仍然习惯于计划经济条件下的思维模式,泛政治化思想比较突出,习惯于以社会效益为借口掩盖投入与产出之间的矛盾和弊端,忽视资金的使用效率。在项目建设投入上,过于重视项目的审批,缺乏相应的科学、民主的决策体制,轻视项目建设的过程管理和结果管理,从而使许多项目建设上效益低下,浪费了资源,加大了成本,这些都要求我国要理顺管理体制,改革与现实状况不相适应的管理制度

和办法，从而提高办学效益，更好地为社会发展提供更多的人力资源和知识支撑。

（三）高等学校发展的内在需要

中国高等教育正处于重要的转型期，这种转型既是适应国内国际经济、社会发展的需要，也是中国高等教育本身的一种创新；既是高等教育外部关系的一次调整，也是高等教育内部的一次改革。在新形势下，一些传统的体制性因素束缚了高校的深入发展，如办学体制问题，投融资问题，人事管理、分配制度、保障制度等问题。如何面对新的机遇与挑战，在管理办法上有所创新和突破，是所有高校都在深思和必须回答的重大问题。高校要发展、要壮大，就必须大胆突破传统的管理理念和制度，积极学习借鉴和创新性地吸收发达国家高校管理的经验和做法，要对不合时宜的管理制度进行大胆的改革和创新，积极探索一些适合自身发展的新机制、新措施，不断推进学校的建设发展。

（四）国家事业单位改革的需要

改革开放以来，特别是近几年来，国家积极推进事业单位改革，转变事业单位职能，实行事业单位机构和人事制度改革，在选人用人机制、职称评定、分配制度、保障制度等多方面进行了积极的探索和实践，积累了有益的经验。在高等学校也积极推行了相关的改革和试点，形成了较好的改革氛围和条件。高校在新的形势下，必须面对改革的大趋势，深入分析社会的新变化，明确高等教育职能的新内容、新任务、新要求，及时调整管理制度、机制和办法，主动迎接国家事业单位大改革的挑战，共同推进社会的全面发展。

（五）落实办学自主权和实现高校内部管理科学化的客观需要

实现大学内部管理的科学化必须以扩大高校的办学自主权为根本前提，高校办学自主权的最终落实有赖于大学内部管理科学化的实现。高校办学自主权是指高校独立行使的自主改革和自主发展学校的权力，具体地说，就是高校可以自主地进行教育、科研、办校产和后勤服务的权力。本质上，高校办学自主权问题主要是关于大学与政府部门之间权限的张弛与分配问题。扩大高校的办学自主权就是政府对高校的放权，高校从政府的附属地位变为有独立法人地位的办学实体，对外拥有发挥与拓展教学、科研、成果转化与产业化等社会功用与效能的自主权力，对内拥有人、财、物等教育资源配置的自主权力。

管理科学化的本质是对组织所拥有的资源进行合理的配置、组织和利用，使之产生最佳效果，而一个组织所拥有资源的数量和质量决定其生产和提供产品的规模、质量，直接影响一个组织的整体实力和竞争力。高校任何一项工作的开展都离不开管理，而且在某种程度上，管理的科学化与否直接关系到工作的最终成败。在新的发展形势下，各高校要在新一轮的发展竞争中脱颖而出，占据发展的制高点或有利地势，就必须向管理要效益，实现大学内部管理的科学化，以管理促发展。这就决定了新的历史时期，高校办学必须主动适应新的环境，大力加强管理制度的改革和创新。当然，权力与责任是一对伴生物，权责相应原则告诉我们，当高校获得办学自主权的同时，也应承担相应的责任。换言之，若政府已经做到放权，接下来就要看高校是否要这个权以及如何用好这个权力。落实办学自主权不是国家单方面的要求，不是说国家给了自主权，自主权就落实好了，它还需要高校科学、合理的使用，这也是高校必须面对并创新的问题。

如何改变过去完全依靠国家，完全按照国家指令完成任务的被动管理模式，使之向拥有较大自主权的主动管理模式转变，是高校必须解决的重大课题。笔者认为，用好自主权关键就是要理顺管理体制和机制，解放体制、机制的束缚性因素，建立一支高素质的管理队伍，发挥管理效益，从而真正落实好办学自主权，用好办学自主权，以促进高等教育的发展。假如大学的管理者无视这种权力，仍然"走老路子、用旧办法"，等待上级的行政命令和指示管理大学，自主权就会变成"无主权"，既不属于政府也不属于大学。如果这样，真正的高校办学自主权怎能落实？一句话，权不放不行，但放了未必就行。高校办学自主权的真正落实有赖于大学内部管理科学化的实现。高校办学自主权和大学内部管理科学化两者中任何一方的实现都离不开另一方的实现，有机结合、同步进行是最佳的也是唯一的选择。这些都迫切要求大力、及时加强对教育行政体制和高校内部管理体制进行科学、有效的改革和创新，既要保证政府能有效地放权，又要保证高校能有效地用好办学自主权，使之产生良好的管理效益和效率，从而促进高等教育事业的全面发展。

　　然而，办学自主权的下放和有效落实并不是一个简单的过程，也不是仅靠一纸文件就能立见成效。就我国目前的实际而言，两者的有效推进和落实不仅是改革的重点，也是改革的难点。基于办学自主权在高校整体管理体制中的独特作用，本文拟对制约两者有机结合的主要因素再作一详细分析。

　　历史原因：高校的办学和管理传统。高校的办学和管理传统使我国的高等学校从来就没有像西方国家尤其是西欧国家高等学校那样，拥有所谓的"学术自由"和"大学自治"。当欧洲最早的大学——意大利的莱诺大学的教师和学生正在享有教与学的自由时，我国正处于封建社会的宋元时期，高等教育沿用隋唐以来的科举制，完全由封建统治阶级操纵，并为其服务。当"德国教育之父"洪堡的"大学自治和学术自由"精神响彻世界的时候，晚清政府的高等教育却依然奉守着科举经典。尽管在中华民国时期，蔡元培在此方面做了一些努力，但最终由于社会环境的影响而成泡影。所以，新中国建立前，我国的高等学校基本没有自主权，新中国建立后，我国曾一度全面学习苏联模式，在高等教育方面实行中央集权领导的管理方式，高等学校基本没有自主权，高校内部的管理也是以政治性的经验决策为基础。

文化因素：大一统的思维方式和价值取向。中国传统文化的一个主要特征就是大一统的思维方式和价值取向，反映在教育管理思想上就是大一统的管理思想。其外在表现为：强调高等教育的单一功能，追求大一统的高等教育管理体制和家长式的高等教育管理模式。理论是行为的先导，在这种思想的指导下，一方面，政府自然不肯下放对高等学校管理的权限，另一方面，高等学校认为政府管理大学理所当然。因此，纵使政府已经下放了管理权力，高校的管理者也不会积极地去利用它对内部管理体制进行改革，促进管理的科学化。另外，即使在大学内部也会集中统一管理各项事务，基本上以行政权力为管理的主导权力，而学术权力则表现得无足轻重。大一统的教育管理思想必然导致管理权限的集中化、管理模式的单一化、管理成就的低效化，从而最终影响高校整体办学效益的提高。与此同时，大一统必然使管理缺乏应有的活力，不可能实现管理的改革、发展和创新。那么，正确的高等教育的价值取向是什么？从现实的角度讲，应该是人的价值、社会价值、知识价值的统一，任何只强调一种或一种价值的个别组成部分而忽视其他的价值都是不利的。

现实因素：两种不同的约束。

第一种约束是高等学校办学资源的约束。足够的资源是高等学校发展的必备条件，从经济学原则出发，高等学校的发展必须遵循"谁投资，谁管理"的原则。在过去的计划经济体制下，政府包揽了高等学校的一切费用开支，大学的管理大权由政府牢牢操纵。如今政府下放高校的管理权限，扩大高校的办学自主权，这不仅让高校获得了更多自己做主的权力，同时也隐含了让高校去寻找其他新的投资主体的要求。但事实上，恰恰是因为投资体制这项配套改革措施未能做好，从而影响了高校办学自主权的扩大和大学内部管理科学化的进程。20 世纪 80 年代后期至 90 年代，我国虽然提出了"联合、共建、合作、协作办学、划转"等新的形式，但当我们进行反思时同样也会发现，上述管理体制改革的五种类型所触及的只是我国高等教育体制中的局部或表面问题，在很大程度上只是转换了原来管理高等学校的政府部门，从中央政府各业务部门和行业集团转向一个新的主管部门，在办学体制上仍然没有脱离国家办学、计划统筹的模式，虽然表面看拓展了高等学校的投资渠道，但究其实质仍是以各级政府为主导，仍然是国家化的办学运行机制。换言之，目前高等学校的投资主体仍是国家，政府的行政干预也就在所难免。因此，尽管通过十几年的改革，我国的高等学校相较以前来说已经具有了较多的自主权，但这种自主权是通过政府的行政决定获得的，从根本意义上讲，这种权力永远是有限的和模糊的，因为通过行政的途径扩大高校的自主权难免要涉及到各方面的利益，而平衡各种利益冲突最终会使高校的自主权受损。第二种约束是落实高校办学自主权所需的约束。这种约束包括外部约束和内部约束两层。外部约束主要指的是政府对高等学校的必要干预。从高等学校自身发展的内在逻辑来看，大学的发展必须拥有办学的自主权，以获得较大的自由发展学术空间。但高等教育发展的历史告诉我们，当高校与社会的关系日益紧密的时候，政府也必然增加对高校的干预。美国高等教育学家约翰·布鲁贝克认为："高等教育越卷入社会的事务中就越有必要用政府的观点来看待它。就像战争的意义太重大，不能完全交给将军们决定一样，高等教育也相当重要，不能完全留给教授们决定。"的确，当高等教育的地位越来越显得重要的时刻，政府就越来越不会"放过"高等学校。对此，英国著名大学校长阿什比也认为，政府对大学的干预是必不可免的。同时他还认为，政府把大学当作高等教育系统的组成部分，即各大学的自主权应从属于高等教育系统。内部约束主要指的是高校内部对办学自主权的自我约束机制。因为自主与自律向来是一对孪生兄弟，实践证明，没有约束的权力容易走向腐败。正如有学者指出的那样："自主与自律是矛盾的统一体，相克却又相互依存，没有自主权的办学是一种无活力的办学，而在没有自律只有自主条件下的办学则是一种无序混乱的办学。"就我国目前的状况而言，第一种约束是一个老大难问题，第二种约束的机制尚未完善，这两种不同的约束也是构成我国扩大高校办学自主权和实现大学内部管理科学化的影响因素之一。

（六）稳定教师队伍，提高教师素质，为高校培养、储备高素质教育人才的需要

在北大的人事改革方案中，争议最大的就是为什么改革的第一刀砍向教师，而不是针对行政管理系统。校方的理由很简单：用阻力最小、最可操作的方式推进改革，"改革没有最优，只有次优"，要把学校建成世界一流大学，必须要有一流的师资队伍，基于这样一种逻辑，学校当然要首先建设师资队伍，这也是当前许多高校进行校内管理制度改革的基本逻辑。但是，许多时候，我们忽视了一些基本的事实，那就是高校行政化、官僚化之普遍，评价机制之扭曲，但为什么许多高校又对这个问题上无动于衷，甚至回避呢？原因就是政策的制定者和执行者离这些问题太近，大有"不识庐山真面目，只缘身在此山中"的意味。当然，这种"不识"是真的"不识"，抑或假的"不识"，只有这些政策制定者自己最清楚，北大给出的

解释很好地说明了其中的原委。笔者认为，要建设一流的大学，不仅要有一流的师资队伍，更要有一流的管理。如果仅仅有一流的师资，而管理落后，必然造成管理的低效能，直接影响并限制教师的才能发挥，最终也难以建设一流的师资队伍。当前，一些高校的教训就深刻说明了这一点，这也是一些人在一个单位体现不出人才的价值而到了另一单位却成为座上宾，一些人才在国内显现不出才能，一旦到了国外才能得到充分发挥的原因之所在，因此，在某种意义上讲，管理的重要性更显得突出。基于此，要建设一流的大学，一流的师资，必须建设一流的管理，使管理真正为教学、科研服务，为教学、科研保驾护航，使教学、科研人员真正对学校产生归属感，安心教学、科研，从而为学校的发展奠定最基本、最重要的基础。

（七）遵循教育规律，还权学术的需要

高校是一种社会机构，任何机构的运行都需要一定的权力资源作为支撑，并按照一定的规则加强管理和运用。高校与一般社会机构的不同之处在于，它是学术性的组织，教学、科研工作是其核心工作，其管理也必须按照学术性组织的特点与规律来运作。具体来说，高校必须按照教育规律培养人才，按照科研规律开展科研工作，在社会服务方面也必须遵循教育和知识的价值规律，这就要求从事学术的人必须具有相应的学术权利，在相应的决策活动中具有相应的决策权，管理是为其服务的，而不应该处处是管理部门颐指气使行政当道。改革开放以来，学术权利开始受到关注，一些学校先后组建了学术委员会等机构，但是学术权利仍然非常有限，是在行政权力之下执行有限的学术权利。比如，大学教师的职称评审工作，评审条例和评审权力都由行政部门确定，评审委员会也由行政管理部门决定组成，评审委员会上面还有由学校党委书记、校长、人事处长等组成的评审领导小组。学术委员会通过的事情，行政部门不一定批准，而学术委员会不通过的，却可以通过行政审批。评审机构通过向各评审单位下指标、定标准，严格控制评审活动的开展，导致评审工作就是不断地填表和发表文章，以致有人戏称"填表教授""填表专家"。更可怕的是，由于这样的制度安排直接决定一个人的命运，使得我国许多高校的学术评价机制严重扭曲，学术行政化，学术评价让位于关系，一些教师为了评审，花费大量的精力进行毫无意义的垃圾论文的发表和人际关系的建立，直接影响了许多有水平的教师的工作积极性和有价值的学术成果的产生。因此，在当前形势下，必须改革以前不合理的行政权力和学术权力配置模式，还权于学术，给予学术相对独立的发展空间，发挥教师教学、科研的积极性和创造性，使他们将自己的主要精力和宝贵时间用在教学、科研上，产生更多的教学、科研成果，从而服务于社会。

第四节 我国高校行政改革的主要思路、对策和建议

加速推进和全面深化我国现行的高校管理体制改革，这既是当前我们所面临的一件十分重要和紧迫的任务，又是一项异常复杂和艰巨的系统工程。我国现行的高校管理体制与我们所设计和选择的改革目标模式之间还存在着相当大的差距，深化我国高校管理体制

改革的目的在于更好地适应正在不断变革中的社会经济环境，同时，也只有不断地改变各种相关的社会经济条件和环境，才能进一步深化高校管理体制改革。就当前我国各项改革的实际进程和状况来看，在实现新、旧体制转轨转型的过程中，我们依然面临着一系列的改革难题和障碍，只有排除这些改革障碍，解决这些难题，才能实现既定的改革目标。

一、教育行政管理改革

（一）进一步解放思想，转变观念

这是继续推进和深化我国高校管理体制改革的先决条件。在计划经济体制条件下，人们已经形成了一整套与传统事业单位管理体制相适应的传统事业观念。例如长期以来，科学、教育、文化、卫生、体育等社会活动被视为"事业"，凡是"事业"就应由国家包办，凡是事业人员均为"国家干部"；"事业"属于上层建筑领域，属于非生产性活动，不创造价值；"事业"单位所提供的各种产品和服务，均属社会公益性和福利性的公共产品，不能实现产业化与市场化等。这些观念既是形成传统事业单位管理体制的理论基础，又是其现实的反映。改革开放以来，人们的传统思想逐步得到一定程度的解放，传统观念有所转变，但从深层次上看，我国现行的"事业"领域里依然存在许多改革的禁区或误区，其根源就在于人们思想认识上依然存在许多禁区或误区，不改变这些落后的观念，改革就寸步难行。为了推动思想解放，促进观念转变，统一思想认识，明确改革目标，尽量减少改革的阻力和改革的成本，我们必须大力加强高校管理体制改革方面的理论研究，认真总结前期改革的经验，积极开展学术交流和理论宣传，创造良好的改革环境和条件。与此同时，我们还要转变旧观念，树立高等教育管理社会化的思想。长期以来，有关部门一直坚持高等教育管理就是行政管理，高等教育管理体制就是"行政体制"或"属于行政体制"的观点，迄今为止的教育管理体制改革并没能解决影响我国教育发展的深层次问题。因此，在教育管理体制改革的过程中，必须从理论上打破传统观念，树立"高等教育管理社会化"的思想，推进管理主体社会化，实现管理效能社会化，从而使我国高等教育与社会政治、经济的改革发展相适应，以实现高等教育管理体制改革的最终目标。

（二）建立政府宏观管理、学校面向社会依法自主办学的管理体制

随着政治和科技体制的发展变化，根据高等教育事业发展的实际需求，彻底理顺政府与高等学校、中央与地方、中央教育主管部门与中央其他业务主管部门之间的关系，逐步建立起举办者、管理者和办学者职责分明、中央与省级政府分级管理、分工负责并且以地方为主，条块关系有机结合，学校面向社会依法自主办学的高等教育管理新体制。

目前的高等教育管理体制表现为政府在教育管理中行政干预过多，学校自主权很小，已不能适应市场经济的要求。因此，转变政府职能和放权便成为我国教育管理体制改革的一条主线。长期以来，我们处于政府主导型的社会，在高等教育方面表现得尤为突出。由于高校绝大多数为国家主办，因而形成了"既然是国家掏钱办校，政府就要直接管理，如果不管，就是没有尽到责任"这种观念，政府很难从事务性管理中退出来，高校也就谈不上自主办学。政府对高等学校的管理是高等学校发展的根本保证，这不是对高等学校管不管的问题，而是如何管，管到什么程度的问题。社会越进步，高等学校越发展，政府对高等学校的法令法规也就越多，这是一对矛盾。要解决这一矛盾，政府就要对高等教育进行必要的、适当的和

合理的管理，具体来讲就是由直接管理转为间接管理，由硬性管理转为软性管理，只有这样才能使高校办学自主权得到真正的实现。在政府对高等学校的宏观管理中，政府应代表最广大人民群众的根本利益，根据社会发展趋势对高校提出教育要求，但不直接管理和控制高校内部的运行环节与过程，不干预高校内部的日常事务，不在学术领域里使用行政命令。政府职能主要体现在对高等学校系统的宏观管理，体现在把握高等教育事业的方向和质量标准等方面，概括而言，政府对高校的管理应主要体现在对教育的规划和立法、教育经费的管理与控制、教育的评估与监督这三个方面。当前，我国在高校办学自主权和大学内部管理科学化方面存在许多问题，如在办学自主权方面，有权力下放得不够、不彻底，下放权力的转移，自主权的约束等问题，直接影响了学校的管理科学化，综合来看，最大的问题就是两者未能很好地协调与配合，未能做到交相辉映、相得益彰。针对这个问题，笔者认为，当前要处理好高校办学自主权与大学内部管理科学化的关系，实现两者的同步完成，应从以下几个方面着手。

观念上，高等学校不但要"扩权"，而且也要"用权"，两者必须统一。首先，政府主管部门要确实改变大一统的管理观念，适应时代变化对大学提出新的要求，真正下放权力，使高校拥有真正的办学自主权，变过去的具体管理为必要的宏观管理。值得注意的是，在权力的下放过程中，不仅要讲究力度，而且也要讲究速度。在现实当中，由于政府不愿放权或者有一放就乱的疑虑，因而行动迟缓，影响了高校的发展。此外，比较特殊的是，对于划转、共建共管和权力下放到省级主管的高校，权力要切实下放，防止权力被转移。对于滥用自主权和权力一放就乱的高校，可以通过评估等监控机制，及时采取措施，予以纠正。其次，高等学校也必须改变过去那种坐等上级指示和命令的无所作为的管理观念，要意识到办学自主权不仅是大学应有的权力，同时也是大学健康发展的原动力。对于政府所下放的自主权，高校应主动迎接，并根据学校自身的特色运用到高校的管理当中，从而推进管理的科学化进程，让自主权适得其所，发挥最大的功效。按照新的管理体制，高等学校应该是独立办学的法人实体，拥有依法充分行使自主办学的权力。具体来说，高校可以根据国家颁发的有关法律、法规，依据国家确定的专业目录制定招生计划和基本的录取标准、培养规格和基本学制、学位和职称颁发评定标准，高等学校在专业设置、招生、指导毕业生就业、组织教育教学活动、开展科学研究与技术开发、筹措和配置及使用经费、机构设置与人事安排、职称评定与工资分配、对外交流等方面拥有充分的自主权。学校要努力形成主动适应国家经济建设和社会发展需要的自我激励、自我发展、自我约束的运行机制。

政府应转换高等教育的管理职能，理顺条块关系。在新的体制下，政府不仅要向学校下放高等教育管理的很多权限，而且其管理的职能也发生了根本性的转变，即从过去主要的直接行政管理转变为更加重视运用规划、法律、经济、评估、信息服务等途径实现宏观管理；从过去具体的办学过程与日常事务管理转向宏观的办学目标与发展方向管理；从过去单一依靠政府行政职能部门管理转换到日益重视发挥社会学术组织、研究机构和民间团体等中介组织的管理作用。新体制的基本框架是中央与省级政府两级管理、分工负责，并且根据区域经济迅速发展的实际，进一步扩大或强化省级政府管理发展高等教育的职责与权限。中央政府的职责主要是制定国民高等教育事业的宏观规划、基本政策与质量标准，组织高等教育办学方向与质量效益的检查评估，为高等教育改革发展提供综合的信息服务，直接管理一部分关系国家经济建设和社会发展全局或者地方政府不便管理的重点大学。在中央宏观指导下，省级政府对所属区域的高等教育在制定发展规划、开发配置资源、组织检查评估，以及新设专科及高等职业学校的审批等方面拥有管理决策权。

（三）完善高等教育法制，为高校自主权的扩大和大学内部管理科学化提供保障

要实现高校办学自主权的扩大和内部管理科学化，必须有强有力的法律法规作为保障。现行的《教育法》和《高等教育法》以及其他相关的法规法令虽然对高校的办学自主权和学校的管理做出了一些规定，但还不够完善，对于规范政府、高校、社会的职责、权利、义务和行为等具体方面，还有待于现行法律的进一步完善以及其他相关法律的出台。经过多年的改革，我国高等教育中央与地方政府的分级管理以及条块结合的体制已经初步建立，面对新的形势，政府如何加强宏观管理，涉及政府职能和管理方式的转变，这是教育体制创新的关键，有待于继续探索和创新。归纳起来，调整政府与高校的关系必须解决好三个问题：如何面向市场、依法办学和民主管理。加强教育法制建设、依法治教既是中国教育现代化的历史选择，也是"入世"对中国教育的必然要求。但是，我国的教育立法工作还处在架构体系、完善法规的阶段。第三次全国教育工作会议特别强调，要按照《中华人民共和国高等教育法》的规定落实和扩大高校办学自主权，增强学校适应当地经济和社会发展的活力。"高等教育办学自主权"这个中国高校改革和发展的关键问题，不仅要有较为明确的法规、条例支持的宏观外部条件，也要有高校内部改革、自我约束的微观内在机制。否则，"高等教育办学自主权"的问题又会回到传统计划经济体制下"一放就乱，一收就死"的局面。因此，我们必须将整个教育系统建立在法制的基础上，用法律来维护各管理主体的社会地位，划分各自的权限，明确各自的义务和责任，

并真正做到"有法必依、执法必严"，只有这样才能保证高等教育高效有序地运行。

政府管理的权力与责任、政府与高校的关系，只有建立在法律的基础上，依法行政，依法办学，教育体制的改革与创新才能走上法制化的轨道。政府从直接的行政管理向间接的宏观管理转变，涉及责、权、利关系的调整，将引起政府管理手段和方式的革新。由于长期受计划经济体制的影响，政府教育行政管理部门习惯于用计划手段和行政审批方式直接管理教育事业，很难用法律的、经济的、政策的、信息的方式实行宏观调控，这既有思想观念和行为习惯的原因，也有利益分配的因素，涉及市场经济条件下政府职能和政府行为的法律规范问题。法律既保证政府有力地行使其职能，又制约政府的行为，有利于政府职能的明确界定，其基本原则是：凡属市场调节的领域，政府主要是规范市场运作，发挥市场的调节作用；凡属市场不起作用的领域，则政府施加行政干预。教育的不同部分也要区别其提供的是公共产品、准公共产品、私人产品等不同性质进行分类管理和分类指导，要调整和革新管理手段和方式，尽量减少行政审批手段，把精力更多地放到战略规划、依法行政、政策指导、信息服务以及各种间接调控的手段上，政府是行政机构，高等学校是教学和学术机构，两者的活动内容与方式不同，因此，政府管理高校应遵循教育规律与学术规律，进行宏观、间接管理。

加强政府的宏观管理，表现在政府与学校的关系上，是使政府从直接的行政管理转向依法进行宏观管理，保证学校的办学自主权；表现在政府与市场的关系上，是由政府制定和执行市场准入与市场运行准则，规范市场运作，发挥市场对教育的适度调节作用。政府适当应用市场机制进行宏观管理，必须坚持公平与效率的原则，优胜劣汰，效率优先，追求利益的最大化。对弱势群体造成的教育机会的不均等和不公平，要求政府在应用市场机制进行宏观管理的过程中，一方而，要明确公共教育资源主要是政府教育经费的分配，应当坚持公平优先、兼顾效率的原则，即在平等地保证基本需求的前提下，向效率高的优质教育部分重点倾斜，并且创造一个公平竞争的环境和机制；另一方面，应运用经济杠杆调节教育供求关系，建立完善政府和社会的资助制度，通过奖学金、助学金、贷学金等形式，帮助家境贫寒的学生获得平等的受教育机会。我国城乡之间、地区之间教育水平、教育条件和教育机会的差距很大，大力加强农村教育，提高教育水准，让农民子弟有更多的机会进入高等学校，是我国政府教育宏观管理中的一项重要任务和重大课题。

建立与社会主义市场经济相适应的高等教育运行机制。在市场经济环境中，必须对旧有的高等教育运行机制进行调整。培养高级专门人才，创造新科技知识的高等学校，在市场经济条件下必然会或多或少地与劳动力市场、知识市场建立关系，并受到市场活动的直接调节，为此，高等学校就要成为一个相对独立的实体，拥有自我支配、自我约束和自我发展的权益。当然，在社会主义市场经济环境中，高等学校与市场活动的关系不是自发的、盲目的，而是处于国家政府的有力导向、干预和调控下，是国家政府宏观计划下的市场调节活动，例如，对于提供"准公共产品"的高等院校，政府应该实行宏观调节。笔者认为，在社会主义市场经济环境中，高等教育运行过程中，国家政府、高等学校和社会市场的关系应该是"政府宏观调控，学校自主办学，市场积极引导"的模式。政府的宏观调控主要是运用计划、行政、法律、经济等手段，对高等教育的办学方向、发展进程、教学活动及教学结果等方面进行调控。高等学校自主办学，要在国家政府的宏观调控下和市场活动中得以强化。价值规律、等价交换原则和市场作用机制使高等学校在办学活动中引进市场机制，适应社会供需变化，不断形成自身特色，同时，在外部竞争压力和内在利益的驱使下，逐步形成自我积累、自我发展、自我约束、自我完善的能力；在自主办学、保持自身特色的前提下，积极建立横向联系、联合协作的办学模式。对高等学校而言，市场概念包括两大部分：一是高等学校外部市场（社会市场），包括劳动力市场、科技知识市场和资金市场等；二是高等学校内部市场（院校市场），主要指高等学校内部活动中的一些市场现象、市场要素和市场关系。

建立以政府办学为主，社会各界共同参与的办学体制。办学体制涉及有效开发高等教育资源和充分激发高等教育发展活力的问题，并且与高等教育管理体制相互影响，这也是近些年来我国高等教育体制改革的重要内容。高等教育办学体制改革的基本方向就是要打破政府绝对包办办学的局面，逐步形成以政府办学为主体，社会各界共同参与的办学新体制。关于这一办学体制，在理论认识和实践探索上要坚持如下原则：第一，必须坚持以政府办学为主体。在现代社会，高等教育既是对经济建设和社会发展起基础、全局和先导作用的知识产业，也是一项崇高的社会公益事业，它具有经济、政治、文化的广泛社会功能，涉及对青年一代的培养和国民整体素质的全面提高，是国家综合实力的重要构成部分。因此，在我国现有的社会主义经济、政治基本制度的条件下，从提高综合国力和坚持正确的发展方向着眼，高等教育必须坚持以政府办学为主体，也就是在高等教育事业中保证公办学校的主体地位。第二，必须鼓励和支持民办高等教育的发展。支持社会各界投资兴办高等教育，鼓励民办高等教育的发展，这可以更广泛、更有效地开发利用各种社会资源以弥补政府财政投入的不足，同时还有利于探索高等教育多样化的发展管理模式，从而更快地发展高等教育事业。鼓励和支持民办高等教育既符合高等教育发展的内在需求，也是国内外发展高等教育的共同经验。另外，我国社会主义市场经济体制的建立与不断完善，国民经济的快速发展和经济成分的不断多样化，也必然要求高等教育办学主体的多元化，同时也为这种多元化提供了必要的经济基础和多方面的有利条件。第三，必须抓紧研究和妥善处理中外合作办学的规范管理问题。中外合作办学，国外资本与教育机构进入我国高等教育市场或者我国高等教育进入国外教育市场，这是我国高等教育办学体制改革发展中的一个特殊问题，加入世界贸易组织以后，这一问题将会更加突出。因为世界贸易组织的有关协定视教育为服务性贸易，要求各成员国对外大范围地开放高等教育。我们要抓紧对这一问题的研究，并在高等教育办学体制中对此予以明确定位，尽快制定相应的基本政策和管理办法。针对这一问题既要遵循又要充分利用有关的游戏规则，既要进一步扩大开放，允许外国教育机构和资本进入我国高等教育市场，又要注意坚决维护国家教育主权，同时要鼓励我国的高等教育机构看准时机，大胆地向国外教育市场发展。目前，《中外合作办学条例》和《高等学校境外办学暂行管理办法》都已颁发，为有关管理工作提供了明确的法规依据。

在实现政事职责分开、机构分开、人员编制分开的基础上，更重要的是实现政事管理体制分开。具体来说，事业单位在机构名称、机构等级，劳动人事制度，工资福利制度、目标考核制度、组织领导制度、财务管理制度，组织运行与管理方式等方面，均应与行政机关脱钩，严格实行政事运行机制与管理方式分开。高校应取消行政级别，并采取简政放权等多种过渡性措施，逐步淡化并最终完全剥离事业单位与其主管行政部门的隶属关系。在此基础上，按照建立现代事业制度的设计构想进行事业法人登记，使其成为依法面向社会，自主开展事业经营的独立事业法人，完全实现政事分开的改革目标。

对于扩招带来的困难和问题，政府和高校应当共同努力解决。首先，在宏观层面上，政府要发挥服务和监督控制职能。政府要充分做好高校扩招的论证工作，制定参与扩招高校的评估体系标准，对要求扩招的高校进行严格审批，并根据高等教育的发展规律，重新调整扩招的人数、时间，从而在制度上制止各高校的盲目扩招。其次，在微观层面上，高等学校必须对自己的学校教学、生活场地、设施、设备和师资队伍进行定位，要量力而行，不要追求短期效应，要制定学校短期的发展计划和长期的发展规划，使学校沿着持续、稳定、健康的轨道发展。

对合并中出现的磨合、人事调整等靠高校自身力量难以解决的问题，政府要充分发挥好宏观调控的管理职能，协调好各个方面的关系，进行有效的行政干预和指导。对于高校合并工作，不能搞一窝蜂，而应该根据具体情况进行科学、合理的论证，不能搞政策诱导，少一些行政化色彩，走科学评估之路。从学校角度来说，首先，要充分认识到合并的难度，并引导教职员工主动参与，积极配合。其次，完成对学校办学思想的重新塑造。采取兼收并蓄的策略，既要保留客体大学原有的优势，又要逐步将主体大学的先进思想融合进去，实现学校办学战略和办学目标的完全一致。再次，在学校管理上要实行集中下的适度分权。在实现统一领导的基础上，实行校、院（系）两级管理模式，其中校级领导处于管理的中心地位，主要抓宏观工作，如学校的发展规划、校内各种关系的协调等；院（系）一级则侧重于微观方面的具体工作，如教学管理和科研工作。最后，要促进学科的深度融合。应根据新学校的发展规划，按照"厚基础、宽专业、多方向"的原则进行学科专业、课程的调整与建设，实现学科渗透，优势互补，资源共享，从而使学科发展形成良性循环。综上所述，面对我国高等教育体制改革中出现的这些难点问题，政府要注意发挥好宏观职能，加强引导，大胆探索改革的新模式，而各高校也要在实践中不断挖掘自身的潜力，努力提高学校的教育质量和科研水平。

建立科学、合理、公正的评估体系。建立科学、合理、公正的评估体系对于高校的良性发展具有重要的作用和积极的意义。只有在这样的评估体系下，高校对其教学、科研、学术等工作的质与量才能准确评价，在准确评价的基础上，才能使学校的分配制度有合理的依据，才能调动教师对工作的积极性，最终保证高校的教学科研质量。在这些体系的建立中，不仅要充分考虑我国的特点，而且也要吸收借鉴西方发达国家的经验，引入社会化的测评机构、测评制度等，如建立教育行业协会、教育评估所、资产评估所等中介组织，从而真正建立具有中国特色的科学、公正的评估体系。

关于教育产业化的问题。目前，时任教育部周济部长在公开场合已经明确表示，高等教育不实行产业化。笔者不想对此进行是非判断，因为关于教育产业化的问题，一直就有很多争论，坚持者和反对者谁也说服不了谁，也没有形成一致的意见，这就充分说明了这个问题本身就不具有唯一性。事实上，教育产业化是一柄双刃剑，利弊都有，究竟采用与否，在于国家决策层的意志。但是，笔者认为，作为世界上许多国家都在采用和借鉴的一种模式，我们不能概而否之，特别是我国教育基础较为薄弱，政府还无力承担高校发展所需的巨额资金需求，适当实行教育产业化，对我国高等教育的发展是绝对必要的，也是切实可行的。但必须要明确，实行产业化是一种有限的产业化，它既包括在一些领域实行产业化模式、机制，也包括这些模式、机制在这些领域所起的作用也是一定程度上的，比如高校的投融资、招生就业、后勤管理、专业设置等，由于与市场联系较为紧密，可以相对实行一定程度的产业化改革。对于一些二级学院的设立，究竟哪些学校可以设立，哪些学校不能设立，设立的二级学院的权限和办学模式，国家要根据各个高校的不同地位、作用进行相应的规范，而不能让一些市场化的因素在高校泛滥成灾，影响高校的整体发展。

二、高校内部的管理体制改革

高等学校内部的管理体制改革是一个相当复杂的问题。目前，我国高等学校在这方面存在的问题还比较普遍和严重，不仅与我国社会发展的需要不相适应，而且还严重制约了高等学校的有效运行，妨碍了高校职能的充分发挥。改革高校内部的行政管理体制，要从政府管理的模式中走出来，按照教育规律管理学校，在教育教学观念改革已经取得重大进展的背景下，为教学、科研、服务工作创造良好的运行机制和外部环境，这既是实施科教兴国战略和发展社会主义市场经济的需要，也是高等教育改革和发展的需要。基于上述种种原因，笔者认为，今后的改革重点应在以下几方面进行创新和突破：

（一）切实实行党政分开，明确各自职责，加强学校领导干部的任命机制改革

改革高校单一领导的委任制，全面实行聘任制，实行任期制。改革是基于这样一个事实，即学校不是一级政府，学校领导不是官，学校的运作必须遵循教育教学的规律，不同于政府的运作逻辑和运作轨迹，如果把行政委任制照搬到学校，走行政逻辑之路，很容易冲击学校正常的教育教学的规律，挫伤教职员工的积极性。从某种意义上讲，一个校长就是一所学校的代表，一所好的学校必须要有好的校长，好的校长不是由上级政府委任出来的。克林顿从总统位置上下来以后，先是想去竞争哈佛校长，后又有意去牛津当校长，

但都被拒绝了。正如哈佛的解释，像克林顿这样的政治精英，可以领导一个超级大国，但不一定能领导好一所大学，这是两回事。在实行聘任制的过程中，要建立相应的约束机制，选拔过程要公开，由教师代表大会、工会代表大会、教授委员会等组成考察委员会，负责选拔与监督，要举行一定范围的公开答辩，接受教职员工的质询。

（二）理顺学校内部学术权力与行政权力的关系

要淡化行政级别观念，重视学术权力，建立教授委员会等组织，广泛吸收学术人士参与决策和管理，充分发挥高等学校的学术权力在决策管理中的作用。学术权力和行政权力在高校中都有其存在的必要性和局限性，两种权力不能互相替代或以一种权力掩盖另一种权力。但从我国目前高校的现状来看，学术权力应处于主导地位，这不仅是因为行政权力在现行的高校结构中居于主导地位，甚至还有掩盖学术权力的趋向，更重要的是，高校的教学、科研和社会服务都是具有独立性和创造性特点的知识活动，并且基本上是以学科为基地展开的，只有从事这些活动的专家对这些事物才有最权威的发言权。当然，提倡以学术权力为主导并不是抹杀行政权力的作用，两者的有效整合是处理权力结构的关键。

（三）转变管理理念，树立经营学校的观念

一切改革，必须观念先行，没有观念的转变，就不可能有行动的解放。在社会大转型和大变革的时代，高校必须及时调整自己的办学理念和管理理念，积极吸收、借鉴先进经验，创新自己的管理思想。高校不再是封闭的象牙塔，日渐与社会紧密联系，这使得高校社会化的进程加快。高校投融资体制的转变，社会化办学的冲击，高等教育产业的日渐深入发展，都迫切要求高校遵循教育发展的规律和市场发展的规律，以经营学校的观念指导学校的管理工作，不断壮大自己的办学实力，从而更好地为教学科研服务。

（四）加强高校管理职能的调整，促进机构改革的进程

高校以前的管理主要是一种行政管理，是一种大管理和单一管理，管高校所有师生员工的吃喝拉撒睡，事无巨细。在知识经济时代，知识已经不再是间接地影响经济，而是直接参与经济活动，已经成为经济生活的一部分，知识的作用不仅通过掌握知识的劳动者体现出来，而且可以直接变成财富，即实现知识的物化。一些国家机关、企业团体等在高校建立研究中心，不少高校也相继创立和发展了科技园及一批高科技企业或企业集团，这就使得高校的管理对象复杂化，管理内容多样化，管理需求多元化。在这样的新情况面前，高校要及时调整自己的管理职能，明确哪些是自己必须管的，哪些是不必管的，哪些是可以委托管理的，从而把管理学校的主要精力用于学校的发展大局上，并根据自己职能的变化，适时进行相应的管理机构改革，从而提高管理效益和效率。

（五）加强高校人事分配制度改革

高校管理体制改革的内容都与人事制度有关，是因为人事制度改革是一切行政制度改革的核心，高校改革当然也要抓住这个核心问题。现在都讲核心竞争力，核心竞争力这个概念来自最新的企业管理理念，企业的竞争不仅是产品的竞争，更是企业内部群体创新能力的竞争，是人才的竞争。笔者认为，大学的核心竞争力在于师资，而管理则可以充分挖掘师资的潜能。传统的人事分配制度平均主义严重，大锅饭倾向突出，不利于人才的发挥。要通过人事分配制度改革引进竞争机制，实现人才的合理分流与利益的合理分配，从而提高教职员工的待遇，充分调动广大教职员工的积极性，发挥他们的聪明才智，以形成强大的学校竞争力。在改革中，要改变以前认为的人事制度改革就是让员工下岗、分流的简单做法，要结合中国的实际和中国高校的特殊情况和特殊地位实行科学、合理的改革办

法，如实行减员增效或增员增效，不能把一切负担都推向社会。总之，人事分配制度是我国高校管理体制改革过程中所面临的又一个重大难题，它必然会遇到较大的改革阻力，需要我们在制定政策的过程中，走科学化、民主化、理论联系实际之路，积极、稳妥、有序地推进改革。

（六）建立和完善社会保障制度

根据我们所选择的中国管理体制改革的目标模式，我国必然要实行机构的大调整、大转向和大裁员，除了极少数机构与人员应还政于政之外，其他大量的人员应进行分流，在实现政校分开、校企分开之后，事业单位的人员分流到企业，这也就意味着个人身份的转变及相应待遇的改变。显然，传统观念与既得利益等因素无疑将成为实现机构调整和人员分流的一大障碍。因此，必须加快我国现行的干部人事制度、住宅制度、户籍管理制度及其他相关配套制度的改革，尤其是要加快建立和完善新的社会保障制度，这是实现高校人员分流的基本保证。我国现行的社会保障制度是适应计划经济体制要求建立起来的，带有供给制的色彩，覆盖面窄，社会化程度低，保障功能差，管理体制混乱。就高校来说，基本上完全与行政单位一样，由人事部门履行养老保险职能，由卫生部门履行医疗保险职能，所有这些保险制度实际上是通过有关人员所在的单位来实现的，从而造成了事实上的单位保险制。在这种传统的社会保障制度下，一个人一旦离开了所在"单位"，就会失去相应的社会保险待遇，这无疑是实现高校人员分流的又一大障碍。我们认为，在进一步深化事业单位体制改革的过程中，国家可以采取一种新的改革思路，即根据中国干部人事制度的实际情况，在承认和保留现有事业单位人员身份及相应待遇的基础上，先将用于社会保险的经费单列出来，再设立相应的社会保障机构负责集中管理，将其与原来事业单位的其他经费脱钩，逐步剥离事业单位的社会保障功能，实现社会保障的社会化。这样既可以有效地减轻事业单位的沉重负担，又可以改变社会保障单位化、部门化的严重弊端。从长远来看，分离公共事业经费预算与社会保障经费预算，建立现代化和多元化的社会保障体系，这也是建立社会主义市场经济体制的一项基本内容。

（七）建立和完善高校内部的评价体系和考核制度

目前，高校内部的管理评价考核体系（包括干部评价体系、员工评价体系、学术评价体系等）比较僵化和落后，对人才的成长与发展产生了一些误导和不良影响。中国科学院正在试行职称评定改革，这在社会上引起了很大的反响，政府机关也在试行一些新的考核制度和办法，如问责制的建立和落实。高校要在这样一种大背景下，积极思索和创新自己的评价考核体系，主动迎接已经到来和即将到来的挑战，大力改革高等学校的教师评定考核与奖惩制度，使之能有效地调动教职员工的工作积极性，在高校形成一种良性的运行规律，从而有利于高校的整体发展。

（八）加强高校管理方式和管理手段的转变

在高校管理对象复杂化、管理内容多样化、管理需求多元化的今天，要积极创新管理模式，引入市场管理理念和手段，加强高等学校与社会的联系，尽快建立与完善高等学校与社会相互合作的有效机制。与此同时，还应完善中介组织，发挥中介组织的作用。在当今社会，必须依靠中介组织的各种功能，如桥梁作用、缓冲作用、服务作用、监督作用、资源配置作用，以达到降低交易成本的目的。

（九）建立健全高等学校内部的各项规章制度和加强组织建设

制定完善的大学章程，组建教代会、工代会、教授委员会等学术组织和职工权益组织，并切实赋予其相应的职权，充分发挥其作用，在重大问题的决策上能够起到决定性的作用。加强对各系统及各组织行为的有效规范，特别是在自主权不断扩大的过程中，需要尽快建立完善的自我约束机制。在政府的宏观管理下，自身能够实现有效的管理和运行，保证各项职能充分且协调地发挥。建立相应的约束机制后，在规范比较健全的情况下，一些管理领域可逐步向管理工作专业化、职业化方向发展，如后勤服务工作、学生管理工作、科技服务工作等。

参考文献

[1] 岳若惠 . 现代教育理念下的高校教育教学管理 [M]. 杨凌：西北农林科技大学出版社 , 2013.

[2] 姚会彦，陈炳 . 高校日常教育管理新论基于交叉思维的专题研究 [M]. 杭州：浙江大学出版社 , 2013.

[3] 赵树果 . 高校本科教育教学管理研究与进展 [M]. 武汉：武汉大学出版社 , 2015.

[4] 王静修 . 中国高等教育现代化的构建与反思 [M]. 北京：知识产权出版社 , 2017.

[5] 梁迎春，赵爱杰 . 高等教育管理与质量评价研究 [M]. 西安：西安交通大学出版社 , 2017.

[6] 马廷奇 . 高等教育教学改革与质量保障 [M]. 武汉：武汉大学出版社 , 2017.

[7] 刘筱彤 . 大学生高校管理参与权研究 [M]. 武汉：中国地质大学出版社 , 2015.

[8] 张小舟 . 高校管理及思想政治工作探索 [M]. 兰州：兰州大学出版社 , 2013.

[9] 谷丽应 . 中国民办高校企业化运作模式对公立高校管理的借鉴研究 [M]. 成都：西南交通大学出版社 , 2010.

[10] 樊平军 . 高校协同创新的知识管理 [M]. 沈阳：东北大学出版社 , 2016.

[11] 王文婷 . 高校学生事务管理理论与实践探究 [M]. 北京：中国

纺织出版社, 2018.

[12] 曾瑜，邱燕，王艳碧. 高校学生管理工作法治化研究 [M]. 成都：西南交通大学出版社, 2016.

[13] 王瑛. 高校学生管理创新模式研究 [M]. 长春：吉林大学出版社, 2016.

[14] 张文忠. 高校安全管理理论与实践 [M]. 镇江：江苏大学出版社, 2014.

[15] 储祖旺，李祖超. 高校学生事务管理模式创新 [M]. 武汉：中国地质大学出版社, 2015.

[16] 李熙. 互联网＋时代高校学生管理模式的转变及创新 [M]. 长春：东北师范大学出版社, 2017.

[17] 张应华. 高校基本建设管理实践与创新 [M]. 昆明：云南大学出版社, 2014.

[18] 王林清，马彦周，张建和. 高校学生事务管理规范与服务标准 [M]. 北京：中国文史出版社, 2014.